学校リーダーの人材育成術

西村健吾 著

明治図書

まえがき

冒頭から私事で大変恐縮なのですが，2014年からの長きにわたる教育行政（米子市教育委員会事務局）勤務を経て，2024年春，実に11年ぶりに米子市立小学校に返り咲くことができました。立場が「教諭」から「校長」へと大きく変わりはしましたが，ようやく念願であった学校現場へと戻ることができたわけです。

さて，2024年３月31日に，その旨を数年ぶりのFacebookにて報告したところ，全国の多くの先生方から，大変ありがたいメッセージをたくさん頂戴しました。その内容もさることながら，「10年間，発信もコメントもほとんどしない私なんかのことを，よくぞみなさん覚えていてくださった」と，いたく感動していると，コメント欄の最下部に控えめに書かれた，次のメッセージに目が留まりました。

「ご栄転おめでとうございます。もう10年になるのですね。また是非お力添えを，どうぞよろしくお願いいたします！」

その送り主こそ，明治図書出版編集者であり，まさに10年前，私のような片田舎の凡人教師の拙い実践が日の目を見ることになった最大の功労者たる及川誠氏その人でした。

「及川さん，ありがとうございます。お待たせいたしましたが，これは11年ぶりのご依頼ですか（笑）。…辣腕編集者のもとで，また書かせていただけるなら望外の幸甚ですよ」
と，多少色めき立って返信してはみたものの，その刹那，背中に冷や汗が流れるのを感じました。

10年前に出版された処女作，『スペシャリスト直伝！　小学校　クラスづくりの核になる学級通信の極意』（2014）に端を発して，『（同）実物資料編』（2016），『スペシャリスト直伝！　子どもの心に必ず届く言葉がけの極意』（2015）を世に送り出した時と比べ，当時の「教諭」と現在の「校長」という立場の違いもさることながら，当時の「教諭」と10年間の「教育行政職」という相容れない立場の違い，さらに決定的な「(実践の) 現場から離れた年数」の違い…など，致命的に境遇が変わってしまった私が，今更何を書けるというのか…。ICT はじめ，日進月歩の授業技術について私のような「浦島太郎」が著したって現場のニーズに応えるべくもない…。かといって，よもや10年間の教育行政経験で得た知見を詳(つまび)らかにするわけにもならない…。

その一方で，10年ぶりの私の論攷に対して期待をかけてくださる及川氏への感謝の思いを形にしたい，この10年間で得た知見を，公開に耐えうる範囲で全国の先生方へお届けすることで，混沌とする現在の教育界に僅かばかりでも貢献したい，…そう考えているうちに，「そうだ。あくまでも，校長という身の丈に合わない要職を仰せつかった自分への戒めとして，そして，自分自身の今後の成長のために書くことを第一義としつつ，同じような課題意識を持つ先生方への提案という形であれば，私のような者が上梓する道理も立つのではないか」という思いに行き着きました。幸か不幸か，この10年という歳月は，決して学校現場にいただけでは見えない世界や，得られなかったであろう知見を得るには十分な時間でした。何より，私が生涯の師と仰ぐ，米子市教育委員会・浦林実教育長にお仕えする中で，本書のテーマである「人材育成」については，６年間の管理職経験（指導係長１年，学校教育課長４年，教育委員会事務局次長１年）の中で徹底的に叩き込まれ，大変多くの学びを得ました。こうした経験や学びを書籍という形でアウトプットできるのは，教育界広しと言えどそれほど多くはないだろう…，ならばしっかりとした内容でお伝えしていこう。そんな思いに後押しされる形で，重たい筆をとる決意をした次第です。

さて，本書は６つの章で構成しました。前述のとおり，私の拙い管理職経験で得たことの中で，是非ともご紹介したい心の構え・考え方などについて，教育界のみならず，各界の著名人や先達(せんだつ)の思想・金言を丁寧に引用しつつ，誠に僭越ながら，「人材育成術」(「箴言(しんげん)」) として，各章10項目，合計60項目提示していきたいと思います。

まず１章において，「人材を育成するための心の構え」として，人材育成に向かうリーダーの心の構えについて管見を述べた後，続く２～３章において，校長自身の「日々の構え」や「学校経営力」について，まさに自分自身への戒めとして，大切と思われることを列記したいと思います。その上で，４章以降において，「接遇・法令遵守力（コンプライアンス）」，「仕事術」，「組織運営力」などをテーマに，若い教師や（教頭を含む）次世代リーダーを入口として，全ての教職員を育成する上での勘所について提案していきたいと思います。

実はこれらの他にも，例えば「授業力」であるとか，「生徒指導力」であるとか，「校務遂行能力」であるとか，学校の教職員が身に付けるべき内容は多岐にわたります。本来であれば，そうした内容に係る人材育成術についてもご提案したいのですが，紙幅の都合で別の機会に譲ることとします。どうかご容赦願います。

なお，本書においては，人材を育成する行為者を，著者自身の立場である「校長」としつつも，校長職以外の指導的立場にある先生方（教頭，教務主任，学年主任，○○主任，○○リーダーなど）に読んでいただいても堪えうる内容を想定していることから，「リーダー」「管理職」「上司」といった用語を並列的に扱うこととします。したがって，読者のみなさんとは異なる立場の用語であったとしても，必要に応じて，ご自身の立場に読み替えていただければ幸いです。

団塊の世代の大量退職や，「ブラック」の一言で教職を忌避する社会全体の風潮がある中，教育現場における人材育成はもはや待ったなしの状況にあります。そんな今だからこそ，私たちは，単に人材を確保することに留まらず，貴重な人材（＝財）一人ひとりが伸びて輝くように育てていかなければなりません。本書は，そのような観点から，ついつい陥りがちな人材育成の落とし穴を反面教師として取り上げつつ，あるべき人材育成の勘所を，カテゴライズして提示しようという試みなのです。

本書が，志ある全国の先生方のお役に少しでも立ち，日本全国の多くの先生方，ひいては子どもたちの笑顔に寄与することができるならば，それは望外の喜びです。

西村　健吾

Contents

第5章 教師の「仕事術」を育てる

第6章 次世代リーダーの「組織運営力」を高める

第1章

人材を育成するための心の構え

人材を育成する上でリーダーが陥りやすい「落とし穴」とは何か。転じて，リーダーとして備えておくべき「ものの考え方」とは何か。人材育成の全てに通底する「心の構え」とは，いかなるものか…。

「1」しかできないなら,「1.1」できるように

リーダーは部下職員に対して，自分のものさしに照らして，ついつい最初から高い到達点を求めてしまいがちです…

言うまでもなく，校長に限らずリーダーとは人の上に立って組織を牽引する立場にあります。組織を牽引する以上，その立場に至るまでに，リーダーに足りうる様々な資質・能力を，高い次元で身に付けてきている方ばかりのはずです。そんなリーダーが，足らざる部下教職員（以下，職員）を指導する際に，どうしても高い到達点を求めてしまうのが人情です。求めるだけならまだしも，そこに到達できない者に対して，「どうしてここまでしかできないのか」「何回言えば分かるのか」といった見方をしてしまいがちになるのが人間の性（さが）というものです。

しかしよく考えてみてください。リーダーたるあなた自身は，これまでにどのような成長過程を歩んでこられたのでしょうか。一部の天才的な方を除くほぼ全ての方が，「１」が一足飛びに「10」になったのではなく，「２」「３」…という具合にゆっくりと時間をかけて熟成されてきたはずです。

よしんば器用で飲み込みが早く，こちらの期待どおりに成長する職員がいたとしても，手放しで喜ぶことはできません。なぜなら，「２」を確かなものにするためには，「１」と「２」の間を行ったり来たりする過程で試行錯誤をくり返し，その中で確かな「２」が形作られると思うからです。確かな「２」が形作られていない中で，「２」ができたと思っているようでは，いつか足元を掬（すく）われかねないからです。

こうした視座に立つと，リーダーは人材を育成する上で，成果を急ぎすぎてはいけません。国民教育の師父と謳（うた）われた，高名な森信三先生の，**「教育とは流水に文字を書くような果（は）かない業（わざ）である。だがそれを巌壁（がんぺき）に刻むような真剣さで取り組まねばならぬ」**の言葉どおり，大人に対しても，人材を育成するにはじっくりと腰を据える必要があるのです。「１」しかできないな

ら，なんとか「1.1」できるようにすれば良いのです。その「1.1」を大いに評価して，より確かな「1.1」にした後に，次の「1.2」を目指すよう働きかければ良いのです。

一方，それぞれの力を持つ職員が，どのように力を発揮するか（させるか）という点も，リーダーとして持っておかなければならない組織的な視点です。

「10の能力を持っている人が７の力を出すより，５の能力を持っている人が５の力を出すほうが尊い」とは，イエローハットの創業者である**鍵山秀三郎**氏の言葉だそうですが，不遜な私風情がさらに言えば，「10」の能力を持つエースが「10」の力を発揮するよりも，「５」の能力を持っている者が成長して「６」の力を発揮する方が組織は強くなります。ゆえに，リーダーはしびれを切らしそうになる心をぐっと抑えて，「１」を「1.1」にするよう注力することが必要なわけです。もしかしたら100回言ってもできないかもしれません。でももしかしたら101回目にできるようになるかもしれない。こうした営みこそが，森信三先生の言うところの「流水に文字を書くような果かない業」と言えるのではないでしょうか。

ただし，中・長期的な視点で，さらに組織を強くしたいと思うならば，「５をやれ」と言われて「５で終われるか！」と言えるような人材も育てていきたいものです。このことについては後述します。

逆上がりは1回目が最も難しい…

人間の成長とは，努力したらすぐに結果に表れるものではありません。特に最初に訪れる壁は，最も高く，最も険しいことが多いものです…

一般的に，人間は目に見える成長によって次なる活動への活力を補給するものです。裏を返せば，成長が目に見えない中では，なかなかモチベーションを維持できないものです。その証拠に，自分の力が伸びていることが実感できている間は良くても，ちょっとでも成長が止まると，すぐに努力をやめてしまいがちになります。ただでさえそうであるのに，成長を実感しにくい場面，いや実感できないならまだしも，成長する保証があるのかどうかさえ分からない「（活動・学習の）初期の停滞期」こそが，学習者はもちろん指導者にとっても，最初にして最大の障壁になります。

例えば，習得に容易ならざる困難さが内在する「逆上がり」を典型として，「跳び箱」「一輪車」「水泳」「ゴルフ」…などのスポーツ系が最も分かりやすいでしょうか。誰しも覚えがあるように，全くの素人の状態から，「面白い」「もしかして面白いかも…」と思える状態に至るまで，心身ともにかなりのエネルギーを要します。ちょっと見渡してみただけでも，最初に到達する「楽しさ」を全く味わうことなく，初期の停滞期（1回目）で挫折してしまう人のなんと多いことか…。（自戒を含みます。）

さて，学校現場における教師の力量形成も同じような構造を持ちます。いや，成長がある程度「可視化」されるスポーツとは異なり，成長が見えにくい分，輪を掛けて厄介です。例えば，中・長期的には「学習指導」「生徒指導」といった学級経営，短期的には「提案文書」「学級通信」「指導案」といった文書作成，果ては「子どもとの接し方」「学校内外での立ち居振る舞い」などに至るまで，初期の停滞期が主体者には必ず訪れます。まずはそのことを，育成する側も認識しておく必要があります。

このように，初期の停滞期を脱するまでが最も厄介である一方で，そこを

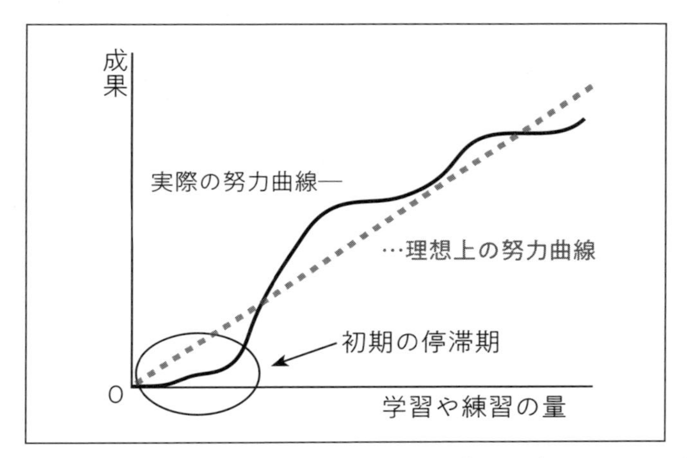

乗り越えさえすれば，あれだけ苦しんだことが嘘のようにスムーズにできるようになることも誰しも覚えがあることです。「逆上がり」に例えるなら，たった1回できるようになるまであれだけ苦労したのに，1回できてしまえば2～3回は簡単にできてしまうのです。

心理学で，学習曲線または努力曲線と呼ばれるグラフが存在します。X軸が学習や練習の量を，Y軸が成果を表します。普通，私たちは無意識のうちに，学習や練習の量が増えれば成果も上がると思いがちです。しかし，実際はそう単純ではなく，階段のようなものなのです。特に，本項で取り上げている初期の停滞期を脱するまでには，相当のエネルギーを消費します。多くの場合，面白いように急激に伸びる時期が間もなくやってくるのに，それを待ちきれない要因は，自分の成長が見通せないことによるものです。若い先生方が，採用間もなくして教職を去っていく背景に，こういった構造が内在しているケースも多いと思われます。

要するに，リーダーはこのような成長のメカニズムを認識した上で，場合によっては育成の対象となる職員にもメタ認知させつつ，エネルギーを要するこの逆上がりの1回目を，伴走して助言したり，回転の補助を行なったりしながら全力で支援し，「面白い」「もしかして面白いかも…」と感得させ，次なる活動への活力を補給させることが肝要なのです。

第1章

3 全ての職員を“最大限”成長させる

人は放っておいても，体験や経験によって成長します。それで良しとするならば，本来「人材育成」など必要ないのかもしれません…

2014年にオックスフォード大学の**マイケル・A・オズボーン**准教授（当時）が，論文の中で「10年後，今ある職種の半分が消えてなくなる」と提唱し，世界中に衝撃を与えました。要するに，コンピュータの発達による自動化（AIロボット化）が急激に進み，仕事に人間が必要なくなってしまう未来を予測したわけです。この原稿を書いている時点（2024年）が，ちょうどその10年後にあたるわけですが，結果，仕事がなくなるどころか，あらゆる職種で人が足りなくなっています（苦笑）。無論，マイケル・A・オズボーン准教授が警鐘を鳴らした未来の到来が杞憂に終わったわけではないとしても，現実問題として，様々な社会や組織の中で，人材の確保と育成の必要性について，これまで以上に声高に叫ばれている時代となっています。

そもそも，４大経営資源（「資金」「物資」「情報」「人」）の中で，唯一「人」だけが消費されず，能力開発，育成することで価値が増大すると言われています。そして，「資金」「物資」「情報」については，「人」が活用することによってはじめて資源となることから，「人」こそが根源的な経営資源であり，ゆえに「人」を育成することが最も重要であると言われています。

では私たちリーダーは，どのように人材を育て，成長させていけば良いのでしょうか。このことについて考える時，大変大ざっぱな括りで言えば，「人は体験・経験によって放っておいても成長する」という考え方と，「最適な指導を施すことで，その人が持つ可能性が引き出されて成長する」という二通りの考え方があります。教育論的には，「意図的放任」か「意図的指導」か，とも言えるかもしれません。

『教育格差』（**松岡亮二**著・筑摩書房）によると，子どもの養育には，「親の意図的・計画的な介入があってこそ子どもは育つ」という考え方（意図的

養育）と，「自然な成長を前提として，放っておいても子どもは育つ」という考え方（放任的養育）があるそうです。そして，意図的養育の家庭で育った子どもは，放任的養育の家庭で育った子どもよりも，学歴達成という点では良い傾向にあるとの研究結果があるそうです。

では，「教職員の人材育成はどちらの視座をとるべきか」という二者択一の問いには，もはや論を待たないでしょう。私が長年お仕えした米子市教育委員会・浦林実教育長は，**「全ての子どもを最大限成長させる」**との教育方針を掲げ，全ての教職員に徹底してその意を説いておられました。その中で，**「放っておいても人間は成長するが，教師の良質な働きかけ（指導・支援）によって“最大限”成長させることが大切である」**といつもおっしゃっていました。そして，このことはそのまま教職員の育成にも当てはまると…。

だからこそ管理職の出番なのです。あらゆることを想定し，個に応じた指導・支援を施す子どもへの教育と同様，個々の職員が持っている力を“最大限”引き出すために，個別の指導・支援を行なっていかなければなりません。ただし，相手は大人，一筋縄ではいきません。褒めるだけでもダメ，単一的な手法でもダメ…，まさに管理職の腕の見せ所です。うまくいかない時・相手に対峙してもぶれることのないよう，「“最大限”成長させる」という意識を，リーダーは常に持ち続けなければならないのです。

4 自分がやって100点 <部下に任せて70点

自分がやった方が「早くて，安くて，美味い」んです。しかし，それでは職員は育ちません。組織は強くなりません…

「やってみせ，言って聞かせて，させてみせ，ほめてやらねば，人は動かじ」とは，太平洋戦争時に連合艦隊司令長官を務めた**山本五十六**の言葉です。多くの部下を育成し，組織を統率してきた彼の言葉は，多くの経営者や指導者にとって，含蓄のある格言です。

言うまでもなく，この言葉は人材を育成する本質を端的に言い表しています。なかんずく「やってみせ」は，口であれこれ言う前に，まずは自分がやってみせる，お手本を見せることの大切さを説いているわけですが，この「やってみせ」と「言って聞かせて」との間，…いや「言って聞かせて」と「させてみせ」との間にはさらに大きな，上司として乗り越えなければならない壁のようなものがあります。

自分でやった方が，時間的にも物理（労力）的にも，業務の量的にも質的にも効率的かつ効果的だからです。70点しかできないであろう部下に任せるのは相応の我慢が必要で，この我慢がなかなかできないのが人間の性（さが）です。大いなる自戒を込めて指摘しますが，多くの場合，「やってみせ，言って聞かせて，またやって，ほめてもらって，人は育たず」といった状況に陥ってしまっているのではないでしょうか…（苦笑）。よしんば上司である自分はじっと我慢し，部下に仕事を任せたとしましょう。そして想定どおり仕上がった70点に対して，普段あなたはそのどのような反応をとっているでしょうか。つまり，あなたは部下に任せた結果である70点を許したり，褒めたりしていますか…ということです。この我慢もなかなか難しい…。

一方，任せっきりで結果を待っているだけでは，70点どころか50点さえ危うい状況にもなりかねません。そうならないように事前に手立てを打つことも必要です。介入しすぎてもダメだけど，放っておきすぎてもダメというこ

とです。

ご存じ“経営の神様”と呼ばれた松下幸之助氏（松下電器グループ創業者）は，次のように述べています。**「まかせてはいるけれども，たえず頭の中で気になっている。そこでときに報告を求め，問題がある場合には，適切な助言や指示をしていく。それが経営者のあるべき姿だと思います。これは言いかえますと“まかせてまかせず”ということになると思います。まかせてまかせずというのは，文字どおり“まかせた”のであって，決して放り出したのではないということです」**。

まさに言い得て妙。部下に任せる時の上司の心の構え，かかわるさじ加減を表す言葉です。

「部下に任せて70点」は，その一点だけで見ると，確かに「自分（上司）がやって100点」には及びませんが，部下が成長することによって，その70点はいずれ80点になり，90点になり，やがてその状態は持続可能な形で機能し始める。しかもそれが複数となれば…，もはや論を待ちません。つまり部下に任せるということは，部下の成長を促すばかりか，組織の活性化に直結するのです。だからこそ上司には，「部下に任せる勇気」や「待つ忍耐力」，そして「手はかけずとも目はかける姿勢」，そうして仕上げてきた「部下の70点を許す寛容性」や「褒める度量」が必要なのです。

昨日は「5」で褒め，今日は「6」で褒める

褒めることは人材育成の基本中の基本です。しかし，褒め方を誤ると，人材育成上，かえって弊害となる場合があります…

鳥取県教育委員会主催の新任校長研修を受講していた時のことです。講師である兵庫教育大学特任教授（環太平洋大学教授）・浅野良一氏が，校長が職員を褒める効能について，**「若い時分に校長に褒められると，その職員は30年もつ」**と説明した上で，少し甲高い声で**「校長のひと声30年」**と…。一瞬の静寂の後，会場中が笑いに包まれました。その場で聴講していた私も，笑いながら思わず膝を打ちました。それほど校長が職員を褒めることは影響力を持ち，職員の成長を左右するものだと改めて認識しました。

しかし，一言一句の影響が大きい校長としては，この「褒める効能」を十分に認識しつつも，影響が大きいがゆえに「褒める難しさ」があることも認識しておかなければなりません。すなわち，褒めなければ職員は育たないが，褒め方を誤っても職員は育たないということです。

禅に「教壊」という言葉があるそうです。仏教学者の鈴木大拙氏は，この言葉について，**「これは，教育で却（かえ）って人間が損なわれるの義である。物知り顔になって，その実，内面の空虚なものの多く出るのは，誠に教育の弊（へい）である」**と説いています。これを変換すると，「褒めることによって得意顔になって，その実，内面の空虚なものの多く出るのは，誠に褒める弊害である」とでもなりましょうか。褒めたことで有頂天になって，成長が止まってしまっては元も子もありません。

では，上司が部下を褒める勘所らしきものとは，一体どのようなものなのでしょうか。少し論点がずれるかもしれませんが，京セラやKDDIの創業者である稲盛和夫氏の言葉を紹介します。**「継続が大切だといっても，それが『同じことをくり返す』ことであってはなりません。継続と反復は違います。昨日と同じことを漫然とくり返すのではなく，今日よりは明日，明日よりは**

明後日と，少しずつでいいから，かならず改良や改善をつけ加えていくこと。そうした『創意工夫する心』が成功へ近づくスピードを加速させるのです」。

人材育成にも同じことが言えるのではないでしょうか。上司が昨日と同じことを漫然と褒めれば，部下は昨日と同じことを漫然とくり返してしまいます。それでもなお上司が同じことを褒め続ければ，部下は有頂天になるか，或いは「この人は本当に自分のためを思ってくれているのか」といった猜疑心を持つか，いずれにせよ成長が鈍化します。

だからこそ，昨日「5」で褒めたことを，今日は「5」では褒めず，「6」できた時に褒めるのです。要するに，新しくできたこと，成長したこと，一段上のステージで力を発揮できたことなどを，ずばり褒めるのです。やがて校長の意図を察知した職員は，「5」で褒められないことを，当たり前の実力として認められたのだと心の中で消化し，次の「6」に向けて努力を始めます。そのような風土がある学校は，力量の差や経験年数の多寡を問わず，全ての職員が伸びていくはずです。

しかし，こうした風土の構築は並大抵のことではありません。なぜなら，この理想の実現のためには，職員一人ひとりの姿勢や取組，わずかな成長をも見逃さない校長の観察眼が必須だからです。校長自身も，教頭までの力量「5」から，校長としての力量「6」への成長が求められるのです。

褒める力量に大差なし・叱る力量に大差あり

褒めることは難しい…。しかし，叱ることはもっと難しい。だからといって褒めてばかりでは，管理職は到底務まりません…

部下を単に褒めるだけではダメで，褒めるタイミング，褒め方，褒める内容など，上司は「明確な戦略と意図（＝哲学）」を持って部下を褒めなければ，部下は“最大限”成長していかないであろうことを前項で述べました。このように，褒める行為はそれほど容易（たやす）くはなく，だからこそ世の中には，「ほめ言葉のシャワー」然り，「ほめ達」然り，褒めることについての実践（論）が多くあるのでしょう。褒めること一事（いちじ）をとっても，誠に奥が深い…。

しかし，誤解を恐れずに言えば，それでも褒めることは誰にでもでき，そしてその力量に大きな差はないのではないか…，私にはそんな感覚があります。一般論としてもですが，そもそも，子どもたちのがんばりを褒めて，伸ばす教育を生業（なりわい）としている私たち教職員に，大きな差などあろうはずがありません。その証拠に，子どもたちからの，或いは保護者からの，「あの先生は褒め方が上手だ」「あの先生はあまり褒めてくれない」といった声は，ほとんど聞いたことがありません。

一方，叱ることは違います。「あの先生は厳しすぎる」「あの先生はきちんと叱ってくれない」といった声が，年に数回は必ず校長室まで届くように，叱る力量は個々の教職員によって大きく異なります。そして，このことは校長自身についても当てはまります。

当然のことながら，学校を管理運営していく上で，その目的の一環として職員を育成するために，校長はいつも職員を褒めてばかりはいられません。子どもたちを守るため，学校を守るため，ひいてはその職員自身をも守るために，時に厳しく職員を叱る（「指導する」「窘（たしな）める」なども含む）ことも校長に欠かすことのできない職務です。

ただし，相手は教育者であるとはいえ…，いや教育者であるからこそ，プ

ライドを持っている大人です。一筋縄ではいきません。まして，職員のためを思っての叱咤激励であっても，度を越えればパワハラとして受け取られかねない時代です。頭ごなしに叱って済んでいた一昔前とは異なり，校長には叱ることに関する高度な力量が求められます。

以下，私なりに心がけている勘所らしきものを列挙してみます。

⑴個別に叱る…校長室で個別に叱る。（みんなの前で叱らない。）
⑵穏やかに叱る…柔和な表情で，言葉遣いに気をつけて。冷静に。
⑶フォローする…叱った後は，共感なり励ましなりのフォローを。
⑷切り替える…叱った後は，何事もなかったかのように振る舞う。
⑸ユーモアで包み込む…真剣勝負ではあるが，厳しさをユーモア（表情・話術・比喩など）で包み込む。
⑹褒めながら追い込む…「あなたとしたことが」「普段のあなたらしくない」など，いつものあなたを褒めながら，今のあなたを叱る。
⑺心の中は笑顔で叱る…何よりも愛情を持って叱る。

いやはや，叱ること一事（いちじ）をとっても，誠に奥が深い…。ゆえに，校長は，自分自身をも叱る（戒める）力量を高めていかなければならないのです。

「護送船団方式」と「フラッグシップ方式」

施策を推進したり，人材を育成したりするためには，横並びが望ましい？
しかし，形式的な横並びでは，施策は進まず，人材も育ちません…

「護送船団」とは，軍艦，航空機などに護衛されて航行する輸送船や商船の集団のことです。最も遅い船のペースに合わせて航行することから，特定の産業において，最も体力のない企業が落伍しないように全体の足並みを揃えようとした金融政策を「護送船団方式」と例えたわけです。

一方，「フラッグシップ」とは，直訳のとおり「旗艦（きかん）」とも呼ばれ，複数の艦艇からなる部隊の中で，指揮官（リーダー）を乗せた艦船のことです。部隊の先頭に位置し，後方の各艦に指示を出す役割を担っていたとされます。

さて，学校を「船」に見立てたとして，私には，教育委員会在籍10年の間に，双方の方式を，時と場合によって使い分けながら，施策を推進してきたという自負があります。一口に学校と言っても，地域の特性や学校課題，道程（どうてい）などによって状況は様々です。深刻かつ継続的な課題への対応に追われ，目の前のことだけで精一杯な学校もあれば，順調に学校経営がなされ，新しい施策に次々と着手している，まさに順風満帆な学校もあります。

こうした状況の中で，市全体で横並びに新しい施策を進めようと思っても，ある学校にとっては比較的実施可能な施策が，別のある学校にとっては高いハードルであったりするのです。施策を前に進めないといけないが，一律に進めると落伍する学校が必ず出てくるということです。

こうした局面を打開する秘訣について，東洋思想研究家である**田口佳史**氏が，次のような興味深いことを述べています。**「事業規模を大きくしようと思っても，商品開発や製造，販売といった部門を一気にすべて革新的に変えることはできません。ではどうするかというと，一つの部門で典型例をつくって社員に示すことです」**

まさに，私が教育委員会で取り組んできたことそのものです。新たな施策

をいきなり全ての学校に下ろさず，まずは体力のある，或いはその分野に長けたモデル校で実施して成果と課題をしっかりと洗い出す。十分ノウハウが蓄積されたところで，典型例として全ての学校に横展開する。他の学校からしてみれば，課題への解決策がある程度見出され，既に道がつくられているわけですから，固有の課題はあるにせよ，その解決に費やす負担は自ら道を切り拓くことの10分の１で済むわけです。

学校における施策推進・人材育成も全く同じ原理です。護送船団を編制して早く走れない船をしっかりサポートしつつ，早い船に先を走らせる。そして，航行の先にあるもの（実現可能性・課題など）をつぶさに偵察し，試行錯誤しながら新たな道をつけ，追いついてきた護送船団の模範とすることで，組織全体を強く確実に前進させるのです。

後述しますが，こうした早い船（＝スペシャルな職員）は，管理職が明確な意図を持たなければなかなか育ちません。その過程においては，フラッグシップが艦艇の先頭にいるがゆえに被害が大きいのと同様，少なからず負担を強いることになるでしょう。したがって，校長もその船にこっそり同乗して，良い意味での“ちがう目”をかけて，個別に育てていくのです。

「護送船団方式」と「フラッグシップ方式」。優れたリーダーは，この双方を巧みに使い分けながら，施策推進とともに人材を育成しているのです。

8 「鉛筆の芯を太くする育成」と「尖らせる育成」

鉛筆の芯を太くする育成だけでは不十分です。芯を尖らせる育成を視野に入れなければ，人や組織は“最大限”成長しません…

私が教育委員会在籍時に，浦林実教育長が，子どもの状況に応じた教育の類別の例として，次のように仰ったことがありました。

> 「できました。」（子ども）→「素晴らしい。」（教師）
> 「私はダメです。」（子ども）→「大丈夫だよ。」（教師）
> ―鉛筆の芯を太くする教育
> 「できました。」（子ども）→「まだまだだな。」（教師）
> ―鉛筆の芯を尖らせる教育

前者は「肯定・受容」を旨（むね）とし，後者は「（ゆるやかな）否定・否認」を旨とした教育（言葉がけ）です。要するに，これら対（つい）を成す教師の態度・方針・具体的指導を，様々な状況にある子どもたち一人ひとりにアジャストしたり，出し入れしたりして施さなければ，全ての子どもを“最大限”成長させることはできないという教えです。そしてこのことは，職員の人材育成の勘所としても，深く心に留めておきたい哲学です。

とりわけ，「鉛筆の芯を尖らせる育成」は，職員一人ひとりの成長という点においても，組織全体の成長という点においても，欠かすことのできない大切な要素です。**禅の言葉**に，「白珪（はっけい）なお磨くべし（どんなに綺麗な石でも磨かなければ曇ってくる，だから磨き続けなさいの意）」という言葉があります。才覚に秀でた人はついつい慢心し，あらぬ方向へと進んでしまったり，周囲が期待するほど成長しなかったりするものです。こうした若者を，私はこれまで何人も見てきました。そして大変残念にも思ってきました。**「才覚が人並みはずれたものであればあるほど，それを正しい方向に導く羅針盤が**

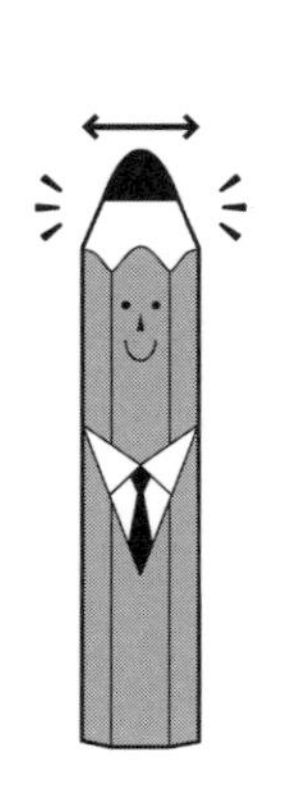
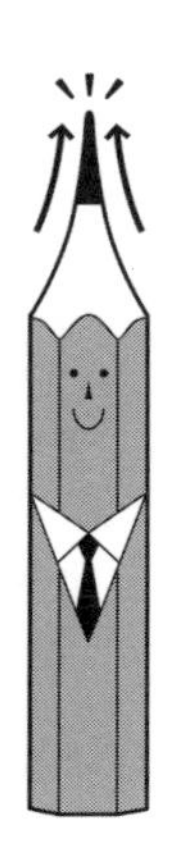

必要」とは，**稲盛和夫**氏の言葉ですが，学校においてその羅針盤となるのはまさに校長であり，こうした職員を正しく成長させることも，校長の重要な責務と言えるでしょう。

ただ，「鉛筆の芯を太くする育成」が，どちらかと言えば私たちの得意な部類である一方で，「芯を尖らせる育成」は，そう容易(たやす)いものではありません。芯を尖らせるために，職員の余分な部分や足らざる部分，未熟な部分を研磨していくわけですから，その職員には少なからずストレスがかかります。

しかも，前述した「叱り方」との決定的な違いは，対象となる職員が，一定程度の才覚を周りから認められ，褒められ，明らかにその他大勢の職員よりもチヤホヤされる機会が多く，相応のプライドもある者なのではないかという点です。ゆえに方法やさじ加減を誤れば，逆効果になりかねません。良かれと思っている校長の思いは届かずに背を向けてしまう，或いは鼻をへし折ってやろうと力が入りすぎて，芯がポキッと折れてしまう危険性を孕(はら)んでいるのです。

しかし，それを乗り越えてこそ，「５をやれ」と言われて「５で終われるか！」という気概を持った，良い意味で先鋭的で突き抜けた，まさに学校のフラッグシップたる人材となり得るのです。そんな職員を育てるために，文字通り芯の強い校長となって，臨んでいく必要があるのです。

最後の１人の育成＞それまでの99人の育成

全員を伸ばすことは並大抵のことではありません。特に，最後の１人の育成は，それまでの99人の育成よりも難しいのです…

例えば，小学校なら「水泳で全員が50メートルを泳ぐ」「漢字テストで全員が100点を取る」「名札を全員が付けて来る」…，中学校なら「全員が課題を提出する」「全員が学校行事に参加する」「全員が試験に合格する」…。この「全員が」は，心ある教師なら誰しも目指している目標であり，達成に向けて誰しも奮闘した覚えがあるはずです。

時代はSDGs。2015年に国連で採択された「持続可能な開発のための2030アジェンダ」の中に「誰一人取り残さない」と明記され，その後に文部科学省が掲げた「令和の日本型学校教育」の理念にも，「誰一人取り残すことのない」という概念が包含されました。十数年前から「全ての子どもを伸ばす」ことを教育理念に掲げてきた私にとっては，「ようやく時代が追いついてきたか」と，感慨とも感傷とも言えない心境です（苦笑）。

しかし，この「誰一人取り残さない」「全ての子どもを伸ばす」ということは，並大抵のことではありません。少し腕に覚えのある教師であれば80～90％あたりまではすぐに到達します。ところが，そこから先が至難の業（わざ）です。それでも挫（くじ）けず，根気よく指導して，95％くらいまでは何とか到達したとしましょう。ここまで来れば二流を脱して一流の域です。ところがその先は，覚悟を決め腰を据えてかからねばならない剣が峰です。ここに，単なる一流と超一流との分水嶺があるのですが，そうした超一流の教師に，私はあまり出会ったことがありません…。多くの場合，途中で根負けしてあきらめるか，安易に妥協してしまいます。あろうことか子どもができないことを，自分自身の指導力のせいではなく，子どもの資質・能力のせいにしてしまう教師もいたかもしれません…。それほどに最後の一人まで伸ばし切ることは難しく，だからこそ何物にも代えられない価値があるのです。では，どうやって最後

の一人を伸ばすか…。

例えば小学校教諭であった私自身の経験を振り返ってみると，「50メートルを泳げていない最後の一人と放課後に特訓」「漢字テストで100点が取れていない最後の一人と100点が取れるまで何枚でもトライ（丸付け）」「名札を忘れた最後の一人と家まで一緒に歩いて取りに帰る」…といった取組を思い出します。いずれも本人のやる気と保護者の理解，周囲の友だちの応援が目標達成の最大の原動力になったとはいえ，私の執念も少なからず背中を押したのではないかと自負しています。

職員の人材育成においても全く同じことが言えます。**野口芳宏**氏が，その著書『野口流　どんな子どもの力も伸ばす全員参加の授業作法』（学陽書房）の中で，**「クラスの子ども一人残らず，その学習権を平等に保障していく授業のあり方を考える責任が，私たち教師にはあるはずです」**と述べています。これはそのまま，「職員室の先生方一人残らず，伸びる権利を平等に保障していく指導のあり方を考える責任が，私たち校長にはあるはずです」と変換することができます。校長には，最後の一人を絶対に見捨てることなく，職員全員を成長に導く覚悟が必要なのです。まさに，「１」を「1.1」にする，「100回目でダメなら101回目」などと通底する強い気持ちを持たなければならないのです。

人材育成は「指導と評価の一体化」で

全ての職員を，一人残らず“最大限”成長させるためには，職員一人ひとりを的確に評価し，適切な指導・支援につなげることが大切です…

人材育成をテーマとする本書を貫く，巻頭言的な役割を担う本章において，私の考える人材育成の全てに通底する「心の構え」について管見を述べてきました。本項では，ここまで述べた人材育成の勘所らしきものを実現するための，私の“指導哲学”をお伝えし，本章のまとめとしたいと思います。それこそがまさに，「指導と評価の一体化」です。

ご存じの通り，「指導と評価の一体化」とは，指導者の指導と学習者に対する評価を連動させることです。平たく言えば，指導者が学習者の状況を的確に評価し，その評価に基づいて，学習者一人ひとりに合った（個に応じた）指導・支援につなげるというものです。平成29年改訂（小・中学校）の現行学習指導要領総則にもその必要性が明確化されています。

例えば，学習指導でお示しするならば，以下のようなことです。

［問題］１，２，３，４のカードを並べてできる２けたの整数は，全部で何通りか。

［めあて］重なりも落ちもない全ての並び方の見つけ方を考えよう。

◎全ての並び方を図に表し，５枚のカードの並び方の総数も解き明かしている。
→「もし３けたの整数なら，全部で何通りになるだろうか」と問い，発展を志向するよう方向づける。
→「カードを数えなくても分かる方法があるだろうか」，或いは直接的に「図を式に表せないだろうか」と問い，式化を促す。
○全ての並び方を見つけている。
→「もしカードが１～５までだったら何通りになるだろうか」と問い，一般化に向けて方向づける。
→全ての場合が出ていることを図に表して，説明できるようにしよう。
△全てを見つけ出していない。
→考えた整数を仲間ごとにまとめ，全ての場合が出ているか確かめてみよう。
△重なりや落ちがある。
→十の位が，１のもの，２のもの…というように仲間ごとに考えてみよう。

小学6年生の算数「場合の数」の，私が書いた指導案です。ご覧いただくと分かるように，1～4のカードを並べてできる2けたの整数が全部で何通りあるのかという課題を児童が解決するにあたって，想定される児童の解決の状況（◎○△）と，それに対する教師の指導・支援案（→）を記しています。学習過程全体の様子や教材解釈などの詳説は別の機会に譲りますが，つまづきを含めた児童の状況を想定し，実際の評価に基づいて，個に応じた指導・支援を施そうとしている意図がお分かりいただけると思います。

これを，職員の人材育成でお示しするならば，以下のようなことです。

［課題］不登校対応に係る，本校の対応の全体像が分かるポンチ絵を作る。

◎非の打ち所のないポンチ絵を作成している。
　→不登校対応に係る，新たな戦略を考えるよう促す。　［全権委任］
○ひとまず指示した通りのポンチ絵を作成している。
　→以下のような観点でチェックし，ブラッシュアップをかけるよう促す。
　・国や県，市がこれまで出した行政文書との整合性は取れているか。
　・ひと目で全体像が俯瞰でき，全体と部分の往還に耐えうるものになっているか。
　・初めて見る（読む）人にも分かるような説明になっているか。
　・関係機関などが遺漏なく記載されているか。
　・視覚的に見やすいものになっているか。　［全権委任］［随時支援］［6割提案］
△ポンチ絵作成に取りかかっているが，作業スピードが上がらない。
　→作業内容を細分化して短期目標を設定する。その上で，短期目標達成時，または作業が停滞した時に提出・相談するよう指示する。　［スモールステップ支援］
△施策のイメージは持てたが，紙に落とすことができない。
　→全体像を教頭と一緒に整理し，絵コンテに落とす。　［伴走支援］
△構想段階から施策のイメージが持てない。
　→プロジェクト会議（校長・教頭・教務主任・主任）を開き，模造紙を使ってイメージを共有する。　［伴走支援］
※［伴走支援］＞［スモールステップ支援］＞［随時支援］＞［6割提案］＞［全権委任］
（＞は，校長による指導・支援の物理的・時間的な量を表す。）

例えば生徒指導主任に，「不登校対応のポンチ絵を作成せよ」と指示したとした際の校長の指導・支援案です。ご覧いただくと分かるように，不登校対応の全体像が分かるポンチ絵を作成するという仕事を生徒指導主任が遂行するにあたって，想定される遂行の状況（◎○△）と，それに応じた校長の働きかけ（→）を記しています。当然その中には，校長が直接手を下すもの

もありますが，教頭以下の組織を機能させて行うものも多くあります。

一つの仕事を職員が請け負ったとしても，遂行状況は職員によって，或いは何らかの突発的な因子によって変わってきます。経験のない若手職員・経験豊富なベテラン職員，もともと得意な者・不得手な者，考えるのは得意でも資料に落とすのが不得手な者，最初は順調に進んでいたのに不測の事態が発生して頓挫してしまった…などなど，こうした様々な状況を，校長は診断的に，或いは形成的に評価し，指導・支援に生かしていかなければ人材など育たないのです。

私は教育委員会の管理職時代から，あまたの指導主事一人ひとりの個性や特性，仕事の進捗状況に応じて，こうした指導・支援を施すよう心がけてきました。それは校長となった現在も変わることはありません。

いかがでしょうか。こうした哲学があってこそ，「１」しかできない職員に対しても，１回目の逆上がりに苦労している職員に対しても，早い船・遅い船それぞれの職員に対しても，鉛筆の芯を尖らせる・太らせるそれぞれの職員に対しても，そして最後の一人となった職員に対しても成長へと導くことができる…，つまりは全ての職員を“最大限”成長させることができると強く思うのです。

第2章

校長自身の「日々の構え」を戒める

人材育成の出発点は校長自身の育成…。校長には「修己治人」(…己を修めて初めて他人を治めることができる。だから学び続けなさいという儒教の根本思想）が必須です。自分自身と戦う，強い心を持たなければなりません。

校長は自分を客観視する分身が必要

校長はついつい独善的になってしまいがちです。また，ともすれば視野が狭くなり，判断の善し悪しを見誤ってしまいがちに…

『校長１年目に知っておきたい　できる校長が定めている60のルール』（明治図書）の著者である中嶋郁雄氏は，**「校長職は孤独であると覚悟を決める」**と述べています。

そもそも校長職とは，職員からの人気を得る商売ではありません。学校教育法第37条第４項に定められているとおり，職員を監督することが職務なのです。つまり，職員と良好な関係を築くことよりも，職員を正しい道へと導くことが求められる立場なのです。なぜならその先にこそ，子どもたちの幸せがあるからです。したがって，子どもたち，或いは職員自身をも守るために，嫌われようが煙たがられようが，時には厳しいことを言わなければなりません。職員もそのことを知っていますから，おいそれと関係性を詰めてはきません。よって一定の距離がある状態こそが健全と言えます。また，ひとたび学校で問題が発生すれば，対応について職員に意見や考えを求めるとしても，最後の最後は，校長が一人校長室にて熟慮を重ね，決断しなければなりません。要するに，校長とは，心理的にも物理的にも，他の職員とは一線を画す（隔たりがある）環境下にあるのです。

こうしたことが，「校長職は孤独である」と言われる所以（ゆえん）です。では，そんな孤独な校長がリーダーとして成長するには，どのような構えが必要なのでしょうか。私は，次の２点が特に大切であると考えています。

①人間力を高めること　　②視野を広くすること

姫路にある臨済宗妙心寺派・龍門寺住職の河野太通氏は，次のように述べています。**「歴史を紐解けば，やはり人格が立派な人のもとにはよき弟子が**

育っていますわな。だから，弟子が育たないと嘆く前に，自己のあり方を省みることが大事だと思います」。

校長になると，誰一人として叱って（窘(たしな)めて）くれることもなければ，褒めてくれることもありません。校長がこうだと言った考えについて「いや校長先生，そのお考えですとこうなります」と意見してくれることも滅多にありません。職員からしてみれば，「（自分のような者が）畏れ多い」，或いは「意見して心証を害したくない」とでも思っているのでしょうか…。まさに校長の孤独な一面を象徴しています。しかし，この「誰からの評価も受けにくい」ということが誠に厄介です。人間は，少しでも気を緩めれば得てして傲慢(ごうまん)になるものです。注意を怠れば一面的・偏向的な視野になってしまうものです。ただでさえそうであるのに，周囲の評価者がまるで消えてしまったかのような校長職であれば，なおのこと恐ろしいものです。

ゆえに校長は，一段高いところから，自己のあり方を厳しい目で客観視したり，自分の視野が狭くなっていないか省みたりするもう一人の自分（＝分身）が必要なのです。そして，様々な先達(せんだつ)の言葉に謙虚に耳を傾けることこそが，ついつい曇りがちなその目を磨く方法に他ならないのです。校長職とは，こうした孤独な道のりを，孤独に耐えながら，努力を怠らずに研究と修養を重ね，自分自身を戒め続けなければ務まらない商売なのです。

校長はいつも上機嫌でいること

様々な事件が起きる学校の校長の眉間には，深い深いしわが寄っていきます。しかし，その顔では，学校経営はうまくいきません…

リーダーが上機嫌でいることの大切さは，私のような者が殊更(ことさら)に言うまでもありませんが，次の二つの効能があると考えています。一つには，

①上機嫌なリーダーのもとには「人」や「情報」が集まってきやすい。

北海道の中学校教師である**堀裕嗣**先生は，その著書『スペシャリスト直伝！　教師力アップ成功の極意』（明治図書）の中で，**「実は，生徒たちを教育するうえで，『そばにいつも上機嫌で過ごしている大人たちがいること』にまさる教育効果の高いことはありません」**と指摘した上で，いつも笑顔の教師には多くの生徒たちが寄ってくると述べています。このことは何も子どもに限ったことではなく，大人にも十分当てはまることでしょう。当然，会話は大いに弾み，多くの他愛もない話の中に，時として重要な相談ごとなり情報なりが含まれることも想像に難くありません。

リーダーが上機嫌でいることの効能，今一つには，

②上機嫌なリーダーがいる組織は，難局でも士気が下がらない。

この点について**松下幸之助**氏は，**「内心で感じても，それを軽々に態度に出してはいけない。指導者の態度に人は敏感なものである。それはすぐ全員に伝わり，全体の士気を低下させることになってしまう。だから，指導者たるものは日ごろから事に当たって冷静さを失わないようにみずから心を鍛えなければならない」**と述べています。

裏を返して考えてみましょう。上機嫌でいられない時というのは，よほど

の時です。学校で言えば，生徒指導上の難しい問題が起きた時であったり，保護者から対応困難なクレームが入った時であったり…。そんな時は誰しも気持ちが沈みます。いえ，学校の最高責任者たる校長の気持ちが最も沈んでいるはずです。しかし，その気持ちのまま校長が難しい顔をしていたのでは，職員の気持ちは一層沈みます。感覚的ではありますが，そんな雰囲気（士気）で，スムーズに問題解決が図られた記憶はあまりありません。

校長１年目のある時，生徒指導上の難しい問題が起きました。その対応を校長室で協議していると，次第に職員の視線が下がります。当事者の担任（Ａ教諭）など最たるものです。その雰囲気を察知した私は，「Ａ先生，腕が鳴るなあ」と言いました。その瞬間，その場にいた職員全員が笑い，雰囲気が一気に明るくなりました。当の担任も，やや引きつりながらも笑顔です（笑）。３日後，その問題は一定の解決をみました。問題の解決との相関関係は定かではないとしても，少なくとも職員の士気にいくばくかの影響を及ぼしたはずです。リーダーが上機嫌でいることの効能を示す一例です。

私は，眉間にしわを寄せて厳しい顔をしていた教育委員会時代から，学校現場に戻った今は自然と目尻にしわが寄るようになりましたが（笑），気を抜けば今でも眉間にしわが寄ります。そんな自分を戒め，同時に３つくらいの問題が起きても上機嫌でいることが，あるべき校長の構えなのです。

校長の顔は常に職員から見られている

校長の顔（表情）は，自分が思っている以上に職員に影響を及ぼします。良い影響も，悪い影響も…

リーダーの顔は部下から常に見られていることも肝に銘じておくべき事項です。私はその影響について，次のように考えています。

①リーダーの顔一つが，部下（組織）に悪影響を及ぼす。

このことについて，2023年 WBC 侍ジャパン監督（元北海道日本ハムファイターズ監督）である**栗山英樹**氏の，大変興味深い言葉があります。**「試合中，選手たちは監督の雰囲気を結構見ているんですよね。大量点を取って監督がニヤニヤしちゃうと，思わぬ怪我やアクシデントが起こったりする」**。

リーダーの表情がそのまま組織全体の空気の弛緩につながっていることを物語るエピソードです。これは，良い時の監督の顔がチーム全体の雰囲気の緩みにつながった話ですが，前項で述べたように逆も然りで，悪い時の監督の暗い顔がベンチ全体の士気を下げることもあるでしょう。

一方，リーダーの顔も使いようによっては，次のようになります。

②リーダーの顔一つで，部下（組織）に好影響を広げる。

同じく**栗山英樹**氏の言葉を引用します。**「僕が監督の時に気をつけていたのは姿勢です。これは斎藤佑樹に言われたんですよ。『監督って立ち方すごく意識してますよね』って。よく見ているなと思いました。（中略）僕は基本的に攻撃の時に立っていて，守備の時は座っているのがパターンだったんですけど，勝てない時期はずっと立っていました。（中略）微動だにしないというか，『大丈夫だよ，ここからひっくり返すからね』って言葉で伝える**

よりも態度で示す」。

面白いものです。リーダーの姿一つで，組織全体が上がったり下がったり，引き締まったり緩んだり…。リーダーの醸し出す雰囲気が，いかに組織に影響を及ぼすかということを如実に表しています。

学校でも全く同じことが言えます。職員は，校長の顔，表情，その立ち姿に至るまで，朝から晩までよおく見ています。ゆえに，校長は迂闊に腹の中を読まれないようにしなければなりません。もちろん，職員と一緒に子どもの成長を力一杯喜びたい場面などはそうすれば良いですし，事実私もそうしていますが，頭の片隅に「意図的にそうしている」という意識を１㎜くらいは持っておくべきです。

私は，教育委員会時代に，例えば指導主事の書類上の簡易なミスが続いた時，或いはすべきことを手抜かって対応が遅れた時，要するに人為的なイージーミスが続いた時などは，あえて無言で険しい表情を作り，空気の引き締めを図っていました。無論，そんな時は意識のギアを上げて，厳しい顔をしていても心の中では笑っているようにしていましたが…。

このように，職員から四六時中ばっちり見られている顔から，校長の心のうちを容易(たやす)く読まれないようにするとともに，他方，それを逆手にとって，意図的に活用できるようになったらしめたものです。

校長には“決めゼリフ”が必須

校長の「言葉」には大きな影響力があります。生かすも殺すも校長次第…。人材育成に資する“決めゼリフ”を携えたいものです…

前項で，校長の一挙手一投足が職員へ与える影響の大きさについて述べましたが，その最たるものが校長の「言葉」です。立ち姿でさえ影響を及ぼすのですから，直接的な言葉そのものであれ，間接的なニュアンスであれ，校長の口から発せられるものの影響力の大きさは推して知るべしでしょう。もちろん，「口は禍の元」「覆水盆に返らず」…，校長が発する言葉一つひとつに最大限の配慮をしなければなりませんが，逆に校長の言葉の影響力の大きさを認識した上で，意図的に職員を鼓舞したり，励ましたり，慰めたり，労をねぎらったりしたいものです。そのために校長は，“決めゼリフ”を磨いていく必要があります。

例えば，本章「12　校長はいつも上機嫌でいること」（P.34）でご紹介したＡ教諭への言葉「Ａ先生，腕が鳴るなあ」は，生徒指導上の問題を協議する中で，停滞する雰囲気を打破することが主たる目的ですが，同時にＡ教諭の人材育成を企図した“決めゼリフ”でもあります。解説するまでもないですが，この言葉の中には，Ａ教諭の「腕」（＝教師としての実力）を評価しつつ，「なんとか解決してほしい」といったプレッシャー，「あなたならそれができる」という激励といった要素が，短いセンテンスの中に込められています。Ａ教諭が，やや引きつりながらも笑顔で「いやいやいや…」と言ったのは，そうした私のメッセージを受け取ったからに他なりません。

また，第１章「６　褒める力量に大差なし・叱る力量に大差あり」（P.20）でご紹介した，「あなたとしたことが」，「普段のあなたらしくない」なども，職員を叱る際の校長の“決めゼリフ”の例と言って良いでしょう。いつものあなたを褒めながら，今のあなたを叱っているのですから，単純に叱られるだけよりも，職員の気持ちの持って行き場があります。過ちは真摯に反省し

つつ，次に向かうことができるのではないでしょうか。

では，自身の対応の落ち度によって保護者からクレームが入って下を向いている職員に対して，どんな“決めゼリフ”をかけてやれるでしょうか。「気にするな」…終わってしまったことをくよくよしたって仕方ない，前を向いていこうという励ましなのでしょうが，職員の落ち度を改善することに言及していません。「なんでそんな対応をしたんだ」…職員の落ち度を指摘して再発を防止しようという意図が見えますが，職員の視線のみならず両肩がずしんと下がっていきそうです…。あくまで一つの例ですが，私はそんな職員に対して，「さらに成長するチャンスが来たな」，或いは「経験値が上がったな」という決めゼリフをよくかけます。自分の対応（過去）を真摯に反省するとともに，同じ対応をしないことはもちろん，より良い対応ができる自分になることが，さらなる成長につながる，そのための経験であった（経験値が上がった）ということを意識させることをねらっていますが，いかがでしょうか。

こうした例はまだまだたくさんあり，いつか別の機会にご提案できればと思っていますが，いずれにしても，校長の「言葉」の重み，影響力の大きさを生かし，人材育成に資する“決めゼリフ”によって，職員をしっかりと導きたいものです。

校長は大きなものさしでものを言う

校長が小さなものさしでものを言い始めると，組織は行く先を見失います。人材も，小さな枠の中でしか育たなくなってしまいます…

校長が発する言葉の内容も大切ですが，言葉の大きさも大変重要です。ここで言う「大きさ」とは，無論「声の大きさ」という意味ではなく，「話の内容の大きさ」やら，「話の対象の大きさ」やら，「方法などの規模の大きさ」やら…，要するに「スケール」を表します。

さて，学校という組織のリーダーたる校長は，基本的にどんな大きさのものさしを使ってものを言う（語る・対応する）べきでしょうか。こんなことを言うと，「いやいや，学校の業務に必要な一切の事務を掌握し，処理する権限と責任を持っているのが校長なんだから，全ての大きさのものさしを使ってものを言わなきゃダメでしょう」，或いは「校長は学校で一番ものをよく知っているはずだから，細かいことまできっちり介入すべきでしょう」といった声が聞こえてくるかもしれません。しかし，結論から言えば，自らあらゆる場面にあらゆる大きさのものさしで語る校長のいる学校で，スムーズに組織運営がなされている例を私はあまり知りません。とりわけ，校長が小さなものさしで語り始めると具合が悪いことの方が多いはずです。

例えば，学力向上が課題である学校の校長が，職員に対して，授業の流しはこうだの，あの発問はどうだのと，小さなものさしでものを言ったって埒（らち）が明きません。こうした小さなものさしで校長が語り始めたら，おそらく職員室は水を打ったように静まりかえってしまうのではないでしょうか。

そうした内容は，研究主任や教科主任を中心として，個々の職員同士が大いに語り合えば良いのです。校長は，例えば自校の子どもの中・上位層の伸びが低調であるとするならば，指導と評価の一体化（特に本時目標を達成した子どもへの指導方法の検討）を一層進めていく必要がある…といった大きなものさしで語る（指示する）べきなのです。

「いや，校長は究極的には何も言わないことが理想だ」，そんな声も聞こえてくるかもしれません。確かにそれが実現すれば理想ですが，現実的には絶対に有り得ません。かえって学校の方向を見失ってしまうのがオチです。

要するに，大きなものさしとは組織全体が進むべき方向を表し，大きなものさしでものを言うということは，その方向を示して舵を切ることなのです。他方，小さなものさしとはその方向に進むにあたっての具体的な手立て…，つまり実際に組織を動かす原動力のことを指すのです。したがって，大きなものさしがなくなれば，どんなに優秀な乗組員がいたとしても船は行く先を失ってしまうということなのです。

これは人材育成にも当てはまります。詳細については別項で述べますが，経験の浅い若い職員には小さなものさしで1から10まで教えないといけませんが，組織の魁となるリーダーを育成するためには，小さなものさしでちまちました世界を教えるのではなく，大きなものさしで見える世界やものの考え方，基準，手法などを教えていかなければなりません。

皮肉なことに，優れた校長ほど小さいことにもよく目が行き届き，様々なことに気がつきますが，そこをグッと堪えて，あえて黙って（どうしても言いたいことは教頭以下に言わせるか，紙に落として資料化するかに留めて），校長自身は大きなものさしでものを言う構えが肝要なのです。

校長は“徳川家康”，先陣を切らない

校長が先陣を切って，万が一敗走すれば，組織として後がなくなります。学校が炎上するのは，そういう時です…

この原稿を書いている2024年７月，ビジネス小説としては異例の大ヒットとなった『もしも徳川家康が総理大臣になったら』（眞邊明人著，サンマーク出版）が映画化され，私も是非鑑賞したいと思っているところです。

さて，徳川家康に限らず，総大将というものは，首を取られたら戦が終わってしまう存在なわけで，ゆえにいつも懐を深く，腰を重く，ドンと構えて「いざ出るとなれば最後の最後」という存在であるべきです。

校長も同じような存在であるのですが，どうにもこうにも我慢ができず，ついつい戦場に飛び出してしまいたくなるのが校長の性（さが）というものです。そして，校長が先陣を切って飛び出して良かった例を，私はあまり知りません。元中日ドラゴンズ監督でプロ野球解説者の**落合博満**氏は，その著書『采配』（ダイヤモンド社）の中で次のように述べています。**「選手時代に仕えた監督を見ていた印象として，何でも自分でやらなければ気が済まないと動き回る監督ほど失敗するというものがあった」**。野球つながりで言えば，**栗山英樹**氏も**「実際，勝つ時は監督は何もしないことが多いんですよ。選手たちがそれぞれの強みや本領を発揮して形になって勝つ。一方，負ける時は監督が余計なことをしてしまうケースが多い」**と述べています。

仮に落合博満氏の言う監督が長嶋茂雄氏であったとしても（笑），栗山英樹氏も同じようなことを言っているのですから，十分に頷ける論理です。

そもそも危機管理の視点から言えば，校長が先陣を切って，万が一乗り越えられた時は，組織として後がなくなります。校長が学校における最後の砦であるはずなのに，例えば保護者対応などでホイホイ出て行って対応が不調に終わった時には，学校の中で対応する者がいなくなります。教育委員会へとクレームが飛び火するのはこうした場合です。

校長は安易に先陣を切らず，できるだけ本陣にドンと構え，敵味方の陣形であるとか，戦況を俯瞰的に見ておかなければなりません。

例えば，保護者が担任の対応について烈火の如く怒り，「校長を出せ」と電話をかけてきたとしましょう。そこですんなり校長に電話をつなぐようなことでは直ちに負け戦となります。担任が話にならないのなら，次は学年主任，或いは教務主任，生徒指導上の問題ならば生徒指導主任などが対応し，もし乗り越えられたら教頭が，万が一教頭までも乗り越えられた時にこそ校長が出陣するのです。教育委員会時代に関わった事案では，感覚的ではありますが，90％以上はほぼほぼ教頭までで落ち着きます。本当に不思議なのですが，仮に同じことを言ったとしても（返したとしても），対応する者の立場が変わると意外に話が通ります。同じことを言っている（返している）のに…です。無論，その時間が相手のクールダウンのための時間にもなっているでしょうし，学校として対応策を練るための時間稼ぎとなって，対応が洗練されていくということもあるでしょう。

『もしも徳川家康が総理大臣になったら』では有り得ない（？）チームプレーなのかどうかは，まだ観ていないので定かではありませんが（笑），校長が安易に先陣を切らない，即ち組織的に「できるだけ多くの人員を余しておくこと」が学校組織の鉄則であり，努めるべき校長の構えなのです。

校長は単価の安い仕事をしてはならない

汗水垂らして働くことで，充実感は得られるかもしれません。しかし，校長はもっと別のところに汗をかかなければなりません…

ご存じのとおり，学校の中には大小・軽重・ハードソフト…様々な業務が混在しています。それら多種多様な業務を，様々な職員に割り振って，或いは協働して行なっています。

この，学校の中にある様々な業務と校長の仕事の考え方について，中嶋郁雄氏は，次のように述べています。**「『こんな雑用のような仕事は校長の仕事ではない』という考えが頭にあるとしたら，そのような校長の下で働く職員がかわいそうになります。すべての職員とその仕事に敬意を持つことが，学校のトップリーダーのあるべき姿だと思うのです」**。

他方，同じ著書の中で次のようにも述べています。**「もし，校長が細々とした庶務仕事や膨大な事務仕事に忙殺されたとしたらどうでしょう。一見『働き者の校長』と思われるでしょうが，日々事務・庶務仕事に忙殺されていては，いざというときに必要な，学校にとって重要な判断に狂いが生じる恐れがあります」**。

さて，賢明な読者のみなさんのお考えは，この二つのどちらでしょうか。本項のタイトルから大方の察しはつくとは思いますが，私は後者の立場を取ります。ただし，誤解のないように申し上げておくと，決して雑用を校長の仕事ではないなどと思っていませんし，その仕事に敬意を持っていないわけではありません。

「単価の安い仕事」と言うと少し聞こえが悪いかもしれません。学校を船に例えるとするならば，要するに「単価の高い仕事」とは，大海原を広く見渡し，或いは天候をつぶさに観測しつつ，船の行く先や巡航速度を決めたり，それに合わせて大きな舵を切ったりする仕事を指し，「単価の安い仕事」とは，裏方として，或いは縁の下の力持ちとして，船の航行を支える仕事を指

します。言うまでもなく，そのどちらもが船の航海にとってなくてはならない大切な仕事です。しかし，例えば（かなりの専門性を要するものを除く）学校の雑用が，比較的誰にでもできる仕事内容であるとするならば，学校の経営方針を定めたり，人材の配置を考えたり，或いは課題を解決するための方略を考えたりする仕事は，誰でもできるかと言えばそうではありません。豊富な経験や俯瞰的な視野，専門性の高い知見なくして，そうした仕事を全うすることはできないのです。

ところがそれまでの慣習で，学校中を動き回って事務仕事をしたり体を動かしたりしている方が，満足感や成就感を得られると思いがちです。そういったことに陥らないようにするために，学校教育法第37条第４項に，「校長は，校務をつかさどり，所属職員を監督する」（「校務をつかさどる」とは，学校で行われているあらゆる業務について，直接担当している教職員を通じて取り仕切るということ）とわざわざ定めているのです。

ゆえに校長は，学校の中の全ての業務，そしてそれらを一生懸命行なっている職員に最大限の敬意を払いつつ，職員のみならず子どもたち，或いは保護者や地域の方の思いまで乗っている船が，行く先を見失って沈没するようなことにならないよう，脳味噌に汗をいっぱい流しながら，重たい舵取りに全力を注がなければならないのです。

ミスを叱らず，作戦会議を始める

校長には厳しさが求められますが，職員のミスに対して安易に叱ってしまっては，二次的，三次的な課題も生じかねません…

社会のあらゆる組織において，人為的なミスはどうしても起こります。私の前任地でさえ，行政文書などの簡素なミスをはじめとして，様々なミスが起きていた記憶があります（あくまで記憶です…笑）。稟議で何人もの目を通っているのにもかかわらず…です。（時々，「まさか稟議がスタンプラリー状態になってないよな…」と部下を窘（たしな）めた記憶もあります…。）

学校も例外ではありません。一般論として，文書作成上のミスはまだ序の口で，生徒指導上の対応ミス，保護者対応のミス，果ては決してあってはならない金銭に係るミス，個人情報漏洩に係るミスに至るまで，大小・軽重・ハードソフト…様々なミスが起こっています。

さて，読者のみなさんの組織でこうしたミスが起きた際，職員が難しい顔をして報告にやって来ると思いますが，その時に，リーダーたるあなたはどのように振る舞っているでしょうか。

私は，難しい顔をして校長室に入って来た職員から報告されるミスそのもの，或いはミスが起きるに至った過程をどのように反省したかが間違っていないことを前提として，滅多に職員を叱ることはありません。かくかくしかじかと必死に反省の弁を述べる職員に対して，「そんなことはもういいから，早く作戦を考えるぞ！」と言います。

このように，ミスをした職員を安易に叱らないことの効能の一つは，

①ミスによって起きた問題を解決するエネルギーを担保する。

ミスが起きた時に真っ先にしなければならないのは，原因究明とともに，そのリカバリーです。ところが過ぎ去ったことをくどくどと叱りつけたとこ

ろで，職員のモチベーションは下がり，リカバリーどころではなくなります。したがって，リカバリーのためのエネルギーをリーダーはしっかりと担保しなければなりません。仮に，本人の不注意や気の緩みなどによって起きたミス…，つまり放置すればいずれ組織に穴が開くと思われるようなミスを叱る必要性があったとしても，それは問題が全て解決した後で良いのです。

ミスを安易に叱らない今一つの効能は，

②次にミスが起こった際の速やかな報告につながる。

言わずもがなですが，職員のミス一つひとつに対して，校長が目くじらを立てて都度都度（つどつど）叱っていては，職員がそれ以降の報告に二の足を踏むことになりかねません。そんなことでは，組織の風通しが悪くなり，あるべきタイミングで報告が上がらず，気がついた時には大きな問題に発展していたなんて事態が起きてしまいます。校長として，そのような事態は絶対に避けなければなりません。

このように，職員のミスの報告への校長の対応は，過去を清算（ミスによって起きた問題を解決）しつつ，未来における適切な対応（速やかな報告からの適切な初動対応）さえも担保できるものでなければならないのです。

外向けに「静」でいるために頭の中は「動」

校長が外向けに「静」でいるためには，頭の中は「動」…常に頭を働かせること，人知れず下ごしらえ（仕込み）をすることが必要です。

校長に限らず，優れた経営者，優れた指導者，総じて優れたリーダーは，外向けにあくせく動いているところをあまり目にしたことがありません。（もちろん全てではありませんが，）どちらかと言えば「静」。普段から泰然自若，どっしりと腰を据えて微動だにしない。そんな印象があるのは，私だけではないでしょう。

しかし，だからと言って優れたリーダーがいつも暇で油を売っているかと言えば，そうではないことは数々の先達（せんだつ）の言葉を聞いても明々白々です。外向けに「静」でいるために頭の中は「動」。湯気が出るほどに常に脳味噌を働かせている姿は想像に難くありません。

このことについて，松下幸之助氏は，次のように述べています。**「指導者というものは，常に心を働かせていなくてはいけない。もちろん，それは四六時中仕事に専念しろということではない。（中略）ゴルフをするなり，温泉に行くのもそれなりに結構である。しかし，そのように体は休息させたり，遊ばせたりしていても，心まで休ませ，遊ばせてはいけない。お湯のあふれる姿からも何かヒントを得るほどに，心は常に働いていなくてはならない」**。

まさにリーダーのあるべき構えを端的に表す金言ですが，校長も同じことが言えるのではないでしょうか。本章「17　校長は単価の安い仕事をしてはならない」（P.44）で述べた通り，校長は学校の経営方針を定めたり，人材の配置を考えたり，或いは課題を解決するための方略を考えたりすること，さらに言えば，対外的な戦略，大小波打って日々やって来る危機対応など，常に頭を動かしていなければ乗り越えられないことが大半です。

これが逆…，つまり，頭の中はいつも「静」で，外向きに「動」だと事は尋常ではありません。要するに，いつも大して考えていない校長のもとで，

ある日突然予期せぬ問題が発生，そうなってから校長はバタバタと動き出す…ということなのですから。

ちなみに，このロジックは職員の人材育成にも当てはまります。校長が，いつも外向けに「静」でいるためには，校長の名代（みょうだい）となって「動」となれる職員が必要なわけで，そうした職員を校長は育てなければなりません。育てるためには，例えば教頭に相当量の知識やノウハウ，考え方などを日常的に教え，仕込み，させてみせ，チェックする。こうした営みは，リーダーの頭の中が「静」でいては決して成り立つものではありません。見えない所では汗をかくほどに「動」でいることが必要なのです。

こうしてみると，校長は，常に頭の中を「動」で保つために，相当な持久力と忍耐力が必要です。アメリカ国立衛生研究所主任研究員の**小林久隆**氏が，**「研究者はある意味でアスリートに近いと考えています。トレーニングをやめたら皆に抜かれてしまう。（中略）休まず続けなければトップに立ち続けることはできません」**と述べています。

校長にだけ「校長室」という個室（じっくりと「頭」を動かせる場所）が確保されていること，物理的に何もしなくて良い時間（じっくりと「頭」を動かす時間）が保障されていることは，まさに校長自身がこうしたトレーニングを行うためにあるとも言えるのではないでしょうか。

校長は顔を出すのが仕事

校長は学校の「顔」です。その「顔」を，子どもたちや保護者のみならず，地域をはじめとする外部の方が見ています…

「校長は会に出席するのが仕事」「校長は一言あいさつするのが仕事」…，私が校長に赴任して，少なからず認識した校長職の一側面です。ある時は平日夜遅くの地域の会に出席して地域の方に顔を見せる，またある時は全くの専門外の分野の会に出席して一言あいさつする…。教育委員会の管理職時代も結構な数の会がありましたが，校長職のそれも負けず劣らずの数です。中には一言も発することもなく，単に顔を出すだけの会もありますが，これこそが校長にとって大変重要な職務です。その効能の一つは，

①学校の「顔」として，多くの方とつながりが持てる。

なかんずく地域の方は，私のような若輩校長であっても，会に顔を出しただけで，「校長先生，よう来てくださった」と大変喜んでくださいます。まさに古き良き「おらが学校」を象徴するような光景です。この国もまだまだ捨てたものではありません。それがご縁となって，学校が助けてほしい時に進んで助けてくださる地域の方もおられます。また，教諭時代には決して出会うことのなかった地域のご重鎮と出会うこともあります。「窮鳥懐に入れば猟師も殺さず」と言いますが，懐に入ることで通常では考えられない地域の協力が得られたこともあります。校長は顔を出しただけです。これほど単価の高い仕事があるでしょうか（笑）。

校長が顔を出す今一つの効能は，

②外から見える学校を知る（垣間見る）ことができる。

フランスのロラン・バルトの著『エッフェル塔』によれば，文豪モーパッサンはエッフェル塔を嫌っていたにもかかわらず，しばしば塔内で食事をとっていたという有名な逸話があるそうです。かの文豪は，「私がパリで塔を見ないですむ唯一の場所だから」と言ったそうです。帝京大学教授の佐藤晴雄氏は，このエピソードを引き合いに，**「学校に閉じこもりがちだと，学校や自らの姿を客観視しにくい。むろん，モーパッサンがエッフェル塔を嫌ったように学校を否定しているわけではないだろうが，それを客観視できないと，いつのまにか閉鎖性を強めて独善的になり，改善すべき点を見逃し，外の様子も把握しにくくなってしまう」**と述べています。

つまり，校長が様々な外部の会に顔を出すことによって，外部から見える学校の様子を垣間見ることができるのです。学校の教育活動や職員の評判，学校施設の不備，学校行事に対する評価など，独善的になって見逃していた改善点を，外部からの指摘によって知ることができます。中には，重大なインシデントになり得る貴重な情報が外部からもたらされることだってあります。校長は顔を出しただけで，そんな危機さえ未然に防ぐことができる…，これほど単価の高い仕事があるでしょうか。

もう一点，「校長が顔を出す」ということで付記するなら，私は，来客が帰る時，最低でも玄関まで，地域や教育委員会，その他最大限の敬意を払うべき客人に対しては必ず玄関先まで出て，車が正門を出て見えなくなるまで，（顔を見せて）見送るようにしています。

少しいやらしい話になるかもしれませんが，私は教育委員会時代，学校に数限りなくお邪魔する機会がありましたが，その見送りも学校（校長）によって様々でした。校長室を出たところまでで終わりの校長もいれば，玄関までわざわざ見送ってくださる校長，極めつきは私の車が正門を出て見えなくなるまで見送ってくださる校長…。私はその姿をバックミラーで確認し，恐縮しながら学校を後にしたものです。もちろんそうした校長の姿によって，公の何かしらの評価が左右されるものではありませんが，その学校が窮地に陥った時に，バックミラーに映った校長の顔が真っ先に浮かび，何とか助けたいと一肌脱ぐ…そんな気持ちになるのが人情というものです。だからこそ校長となった今，そんな当時の先輩校長の顔を思い起こしながら，姿が見えなくなるまで客人を見送るようにしているのです。

「校長は会に出席するのが仕事」「校長は一言あいさつするのが仕事」…，私が校長に赴任して，少なからず認識した校長職の一側面ですが，校長として，常に心に留め置くべき大切な「日々の構え」なのです。

第3章

校長自身の「学校経営力」を高める

校長とは，学校全体を俯瞰して，学校の管理運営の全てをつかさどることが求められる，文字通り「経営者」。学校を成長させることができる，良き経営者になるためのノウハウとは，いかなるものか…

校長の仕事は99%がマネージメント

校長はマネージャーです。その仕事は学校経営をマネジメントすることですが，マネージャーで居続けることの弊害もあります…

校長に限らず，教頭であれ，教務主任であれ，学年主任であれ，リーダーの立場にある者は，よほどの人材難か，はたまた抜擢人事である場合を除いて，それ相応の実力を評価されてその立場になっているはずです。

ここに人材育成の落とし穴があります。それは，リーダー自身がプレーヤーになり過ぎることです。足らざる部下がやるよりも，自分がやった方が「早くて安くて美味い」ものができるからです。当たり前です。その力が備わって，評価されてその立場になっているのですから。

しかし，これでは人材が育たないばかりか，組織が強くなっていきません。とりわけ，校長自身がプレーヤーになりすぎることは極力避けなければなりません。

まず，人材育成の視点から言えば，職員が育ちません。「やってみせ」とは言いますが，校長がプレーヤーになって「やってみせすぎ」ると，部下はすぐにその仕事から手を離すものです。主体性は消え去り，力もつきません。こんなことでは組織も強くなりようがありません。

また，第２章「16　校長は“徳川家康”，先陣を切らない」（P.42）でも述べたように，危機管理上，校長がプレーヤーになると，乗り越えられた時に後がなくなります。組織として「できるだけ多くの人員を余しておくこと」が鉄則なのに，これでは立ちゆきません。さらに言えば，校長がプレーヤーになることで，全体の指揮・命令－報告・連絡系統が曖昧になり，組織が機能不全になる恐れも生じるのです。

このように，校長がプレーヤーになりすぎることは問題ですが，その一方で，職員がプレーできないのに校長がマネージャーで居続けることも大いに問題があります。

例えば，校長が「○○をやってほしい」と職員に指示したとして，その後１週間たっても２週間たっても何の音沙汰もなく，随分たった頃にその職員に「あの件どうなった」と聞いても全く進んでいなかった…なんてことがよくあります。そんな時，時間に余裕があればまだ良いのですが，切迫している場合，できない職員に代わってやり切るしかないこともあります。要するに，１％ほどは校長がプレーヤーになる瞬間も必要なのです。

施策推進についても同様です。方針を示すのは校長（トップダウン）だとしても，具体的な提案は職員から出される（ボトムアップ）のが理想の組織です（次項参照）が，職員から提案がいつまでも出てこないことがあります。そんな時，「提案はボトムアップで」といつまでも待っていると，施策は一向に進みません。そんな時は，校長が案をいくつか出す…，つまり提案の手ほどきをするのです。そして「次は私（校長）に３つも４つも出させないでね♡」といった決めゼリフを言っておけば（種を蒔いておけば），次回以降は職員の主体性の芽も出てくるでしょう。

校長がプレーヤーになりすぎると職員が育たない。校長がマネージャーで居続けて職員に任せっきりだと進まない。校長のマネジメントの割合が高ければ高いほど理想的な組織であるとはいえ，現実は100％など有り得ないということを，校長は肝に銘じておかなければならないのです。

22

方針はトップダウン，具体はボトムアップ

組織の構造のあるべき姿ですが，一方的なトップダウンでは組織が機能せず，支援やフォローのないボトムアップでは学校が前に進みません…

学校の組織は，「鍋ぶた型組織」と評されます。校長が鍋の蓋のつまみの部分として中央から全体を睥睨（へいげい）し，その他の職員は鍋の蓋の平たい部分として全員がほぼ平等。学校の組織のあり様（よう）を評するこの表現は，民間などと比べて，学校という組織が極めて未成熟であるという批判的な意味合いが込められています。事実，学校は長らく一人の最高責任者（校長）のもとで上意下達で管理すれば事が足り，組織的経営の切迫度はそれほどなかったように思います。ところが時代は変わり，今や校長のトップダウンだけでは様々な課題の解決はままなりません。必然的に，管理型運営から組織的経営にシフトチェンジしなければ立ち行かなくなってきています。内部的には「副校長」，「主幹教諭」，「指導教諭」などの新たな役職の新設，対外的には「コミュニティ・スクール」の導入や「チーム学校」という概念の登場などが，こうした変化を如実に物語っています。

しかし裏を返せば，組織的経営を機能させようとするならば，校長のリーダーシップもこれまで以上に問われます。どうやらこれからの校長に求められる学校経営力とは，そう単純なものではなさそうです。

①校長が質の高いトップダウンによって方針を組織に示す。
②校長の適切なフォローのもと，職員が具体をボトムアップする。

まず，校長のトップダウンそのものが洗練されていなければなりません。校長の方針が学校経営に有効に働くか，正しい方向に向かうか否かは，その内容が職員の議論や評価に耐え得るものであるかどうか，換言すれば，職員のコンセンサスを得られるかどうかにかかっています。校長に最高決定権が

あるとはいえ，この押さえがなければ学校は路頭に迷います。

一方，校長が“待ち”の姿勢でいるだけでは，学校を推し進める，或いは学校課題を解決し得るボトムアップは質・量ともに担保できません。**堀裕嗣**先生は，その著書『若手育成10の鉄則100の言葉がけ』（小学館）の中で，組織を率いる時，先頭に立って山の頂だけを見ながら，若者たちの気配を背後に感じて進むタイプを『魁型のリーダー』，最後尾から遠くの頂とともに組織全員の後ろ姿を見ながら進むタイプを『殿型のリーダー』と定義した上で，いざとなったら即座に前面に出る意識を持ちつつも，普段は組織の機能度を最優先に考え，職員の様子をしっかり観察し，必要に応じてフォローする…，（『魁型のリーダー』を尊重しつつも，）リーダーはこうした『殿型のリーダー』の視座を持つべきであるとおっしゃっています。

なるほど，このような優れたリーダーは，部下のボトムアップが停滞した際は，きっと先頭から最後尾まで降りてきて，部下の背中を押したり，伴走したりしながら集団全体を押し上げていくことでしょう。まさに組織的経営や人材育成のあり方のヒントがここにあります。

「方針はトップダウン，具体はボトムアップ」。これからの校長には，学校経営に際して，こうした組織のあるべき構造を担保するとともに，しっかり機能させるための機動力さえも求められると言えるでしょう。

23 平時はボトムアップ，有事はトップダウン

有事の際に，「方針はトップダウン，具体はボトムアップ」に固執してしまうと，学校は暗礁に乗り上げます…

鍋ぶた型組織の弊害である校長のトップダウンに依存する経営から，職員のボトムアップ型の経営にシフトしていくことの必要性と，その質の担保について前項で述べました。しかし，基本的な経営スタンスはそれで良いとしても，固執してしまうのは非常に危険であると言わざるを得ません。

結論から言えば，「…とはいえ，平時はボトムアップで良いが，有事…つまり非常時には校長の強烈なリーダーシップが重要である」ということです。北海道札幌市に本社を置く製菓販売業者である「きのとや」の会長・**長沼昭夫**氏は，次のように述べています。**「登山は命の危険と隣り合わせですが，隊列を組んで山に登る時，普段はリーダーが最後尾から全体を見渡します。一方，危険な場所はリーダー自ら先頭に立って行動するんです。会社経営も同じで，順調に進んでいる時は，一番後ろから全体を見てペースは早過ぎないか，疲れている社員はいないか，といった目配りをする。やはりここ一番という逆境や試練に直面した時は，自分が先頭に立って『俺の後をついてこい』と不安を抱える社員を引っ張っていかなければいけない」**。

非常に含蓄のある言葉です。前項の堀先生の言葉を借りれば，平時は「殿型」でいるリーダーが，有事の際には一躍「魁型」のリーダーになって組織を強烈に牽引するということです。つまり，方針決定も，その方針を具現化するための具体の方策判断，場合によっては実行に至るまで，ほぼ全てをトップが行うということです。危機が刻一刻と迫る中，部下のボトムアップを悠長に待っている暇はないのです。

今でも忘れられない思い出があります。教育委員会時代の2020年２月27日(木)。時の内閣総理大臣・安倍晋三氏が，３月２日（月）から春休みの期間まで，新型コロナウイルス感染症対策として，全国の学校に臨時休業を要請

しました。休み中の子どもたちの学習保障，学童の対応など，こうした難事を，（猶予期間があったとはいえ）実質２月28日（金）一日で学校に指示・準備させよというものです。まさに，前代未聞の有事です。

私（課長）はもちろん，指導主事全員がバタバタと右往左往していた時です。浦林実教育長から「全ての指導主事は教育長室に集合！」と号令がかかり，そこから数時間にわたって情報整理，対応協議，To Doのリストアップなど，方針決定から具体の方策判断に至るまで，その全てを教育長自ら陣頭指揮を執られたのです。我々は，対応可能なハード・ソフトの情報提供や説明などに終始するだけ。そして，教育長の指示をホワイトボードにグラフィックレコーディングするだけ。あの時の鬼気迫る教育長の姿は，いざという時に本当に頼りになる理想のリーダー像として，今でも私の脳裏に焼き付いています。その圧倒的な姿を目の当たりにした指導主事全員が，より主体性を発揮して微に入り細に入り具体を詰め，学校に正確かつ矢継ぎ早に指示を飛ばしたことは言うまでもありません。

「平時はボトムアップ，有事はトップダウン」。有事の際のリーダーの強烈なトップダウンの姿は，職員の意識を高揚させ，結果として平時のボトムアップの質的向上にもつながっていくはずです。そんな「強さ」を身に纏（まと）うために，リーダーは日々研鑽を積んでいかなければならないのです。

24 常に最悪を想定する

事が起きた際に，顔は笑っていても，心の中までポジティブ思考では危険です。ネガティブ思考で，最も悪い事態を考えることが大切です…

有事の際のリーダーの強烈なリーダーシップを身に纏(まと)うために，リーダーは日々研鑽を積んでいかなければならないと述べました。では，この「研鑽を積む」とは，一体どのようなことなのでしょう。有事と言っても，多種多様にして千差万別，一つとして同じものはない事件・事故・案件ばかりです。したがって，同じケースを想定して対応をトレーニングすることは，事実上不可能なわけです。予告もなく，ある日突然やって来るこうした事態に適切に対処するための唯一の方法とは，日頃から，いかなる対応においても「常に最悪を想定すること」に他なりません。

こうした対応を磨くためには，次の２段階があります。まず，

①正常性バイアスが働かないような思考をトレーニングする。

正常性バイアスとは，想定外の事態に遭遇しても，「そんなことはあり得ない」「この程度なら大丈夫」「自分なら大丈夫」といった先入観や偏見を働かせて，事態を過小評価しようとする心のメカニズムのことです。

例えば，学校で子ども同士のけんかが起きて，被害を受けた側の子どもが担任に訴えてきたとします。それを「よくあることだ」「大したことない」と正常性バイアスで捉えてしまうことはいかにも危険です。「日常的ないじめの可能性はないか」「加害側は本当に一人か（複数いないか）」「被害を訴えた子どもが明日から登校できなくなる可能性はないか」「情報が学校を飛び越えて一人歩きする可能性はないか」などの最悪を想定します。前者は担任で情報も対応も留まりますが，後者は少なくとも組織で情報を共有し，保護者にも連絡する必要性が喚起されるはずです。要するに，対応のスケール

が全く変わってくるのです。次の段階は，

> ②問題が解決するまでは，常にネガティブ思考で対応する。

「捕手というのはネガティブでなくてはならない。ところが多くの捕手がそうではない。『ここで内角にズバッと来て，見逃し三振に取る』『追い込んだから変化球で』。こういう思考は，捕手が打者の心理を無視して勝手にシナリオを描いたものにほかならない」とは，ご存じ**野村克也**氏の言葉です。先ほどの例であれば，「もし被害側の保護者が逆上して加害側の家に乗り込んでいったら」「被害側が，この件を理由として30日以上欠席となってしまったら」などと，常に悪い方悪い方に事態が進むことをイメージするということです。そうすることでしか，その先の対応が想定されないからです。危機対応に「無死満塁のピンチからの三者連続三振」などないのです。あるのは，常に逆転満塁ホームランを恐れながら，その確率を下げるための一球一球を投じることだけなのです。

まずは正常性バイアスが働くのを防ぎつつ，ネガティブ思考で事に当たる。こうした対応一つひとつの積み重ねこそが，有事の際の優れたリーダーシップを実現するのです。

25 勝利の方程式ではなく，勝負の方程式を

「勝利の方程式」は，必勝を期すがゆえに，崩れた時のダメージは大きいもの。時の運で負けることも許される野球とは異なり，学校は…

落合博満氏が，その著書『采配』（ダイヤモンド社）の中で，興味深いことを述べています。**「方程式とは，きっちり答えが出るはずのものなのに，『まさか』というあやふやな条件でいとも簡単に崩れてしまう。日本一を目指して戦うのなら，私は『まさか』で黒星を喫したくない。勝負に絶対はない。しかし，『勝負の方程式』を駆使して最善の策を講じていけば，仮に負けても次に勝つ道筋が見える。そう考え，戦ってきたのだ」**と。

長らく教育委員会にいると，施策推進然り，学校問題対応然り，「こうすればこうなるだろう」という方程式めいたものが見えてきます。例えば，「この事業を予算化するために，前年度の実績を数値化し，現場の声を聞き，課題を浮き彫りにした上で，－（マイナス）を０（ゼロ）にする戦略に加え，付加価値（０（ゼロ）を＋（プラス）にする戦略）をつければ，満額回答に至らないまでもいくばくかの予算はつくだろう」といった具合です。

しかし，実績が積み上がれば積み上がるほど，こうした方程式めいたものが，さも絶対的であるかのごとき幻想を抱いてしまうのです。つまり「こうすればこうなるだろう」が「こうすればこうなるに決まっている」に硬化するということです。「結果の見通しを持つこと」，或いは「ゴールから逆算すること」は大切ですが，「行為・方略」と「結果・結論」とがセットになると，いかにも危険なのです。

こうした思考回路は，落合氏の言葉を借りれば「勝利の方程式」と言えるでしょう。野球で例えるならば，２対０で８回に突入した。残り２回をセットアッパーとクローザーで１回ずつ抑えれば，このゲームに勝利できるだろうというものです。しかし，こうした「勝利の方程式」は，勝利というゴールを意識しているがゆえに，想定外の事態が起きた時に案外脆（もろ）いものです。

そしてこれは，学校においても全く同じことが言えます。

一方，「勝負の方程式」とは，「こういう場合にはこうする（対応する）」というものです。例えば，生徒指導上の問題が発生したとして，①まずは双方から事実確認を行い，②擦り合わせを含めた事実整理を行い，③（場合によっては）関係する子どもに（複数いる場合は個別かつ同時に）事実確認を行い，④加害側の子どもから被害側の子どもへの謝罪を行い，⑤被害側の保護者へ連絡（電話か家庭訪問）し，⑥加害側の保護者へ連絡（電話か家庭訪問か場合によっては学校招聘）する。要するに，結果は二の次として，その問題に際して，学校としてすべき最善のことを，一つひとつ確実に，粛々と行なっていくということです。

あくまで肌感覚ではありますが，学校において「勝利の方程式」など存在しないどころか，かえって美しすぎるゴールを連想させるという点で，問題解決の妨げにさえなりかねません。そうではなく，個人や組織で行うべき最善の策を，遺漏なく，確実に講じる「勝負の方程式」を確立することこそが，円滑な学校経営に資すると感じています。それは，所謂（いわゆる）「〇〇マニュアル」と換言できるかもしれませんが，「マニュアル」という言葉の響きに，私は「魂」を感じません。ゆえに教育界においても，「勝負の方程式」を旗印として掲げたいと思っているのですが，いかがでしょうか。

26 短打でつなぐ職員＋長打力のある職員

理想の職員集団は，「点」ではなく「線」でつながっています。短打と長打が組み合わさる打線（組織）になれば，大谷（翔平）に金棒です…

組織経営論や人材育成論は，プロ野球の優れた監督のそれを引き合いに語られることがよくあります。有名なプロ野球監督の著書が，ビジネス書として数十万部のベストセラーになることも珍しくありません。本書において，栗山英樹氏，落合博満氏，野村克也氏など，名だたるプロ野球監督がたびたび登場してくるのもそうしたことが背景にあります。（あしからず…。）

前置きが長くなりましたが，本項もまさに野球を引き合いに主張を展開するものです。**野村克也**氏が，その著書『野村ノート』（小学館）の中で，**「私は野球というスポーツは根拠に基づいて成り立っていると見ている。９つのポジション，９つの打順にはすべて役割がある。いい選手を９人集めるのではなく，９つの適材適所に合わせて選手を集め育成する。そのスタート時点が誤っていては，いいチームはつくれない」**と，某在京球団を対比的に取り上げながら，皮肉たっぷりに述べています（笑）。

学校という組織においても同じようなことが言えます。学校には，経験の浅い若い職員から経験豊富なベテラン職員，教科による得手不得手や生徒指導の得手不得手，学級経営の手法の違いなど，様々な個性を持つ職員がいます。そしてそれらの職員が，割り当てられた分掌に基づく自身の役割を果たしながら，学校は日々運営されています。

さて，本項で言うところの「短打でつなぐ職員」とは，基本的には割り当てられた自分の役割をきっちりと果たす職員のことを指し，「長打力のある職員」とは，自分の役割を果たしつつ，学校全体を強力に推し進めることができる職員のことを指します。結論的には，学校にはこの両者が存在して初めて円滑な学校経営ができるということです。こう言うと，「いやいや，職員全員が長打力があった方が良いに決まっている」という声が聞こえてきそ

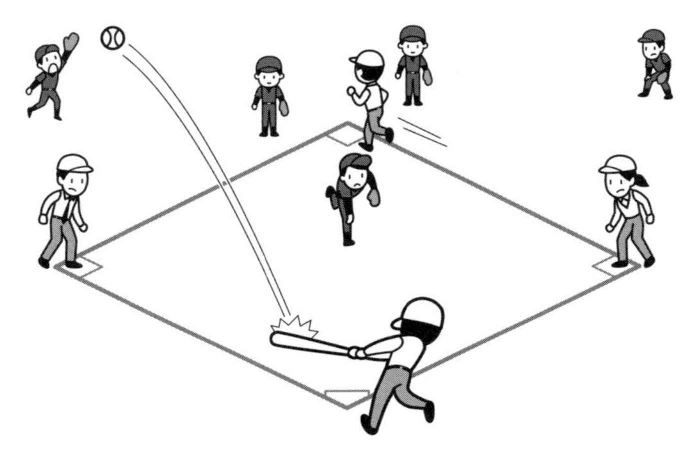

うです。しかし，そんな組織は現実にはほぼ存在しませんし，仮に存在したとしても，一昔前の某球団ではありませんが，個性や主張が強く，まとまりに欠ける組織であることの方が多いのではないでしょうか。

では，逆に短打でつなぐ職員だけで組織が構成されていたらどうでしょうか。確かに日常の業務はきっちりとなされ，毎日が平穏無事に流れるかもしれませんが，学校を強力に前に推し進めたい時や，ピンチを一気に打開したい時などに，いかにも心許(こころもと)ない…。

理想的な学校の組織とは，自分の与えられた仕事をしっかりと遂行しつつ協力体制が確立されている職員集団（＝短打でつなぐ職員）の中に，学校課題を解決するために組織全体を牽引したり，多くの職員の模範となったりするような中心的職員（＝長打力のある職員）がいてがっちりまとまっている…，そんな組織ではないでしょうか。

「組織というのはそういったチーム全体の意識の方向性（まとまり）がもっとも大切なのであって，すばらしい素質をもった選手を１番から９番まで集める，そうしたことがまとまりを上回るかといえば決してそうではない」と，同じ著書の中で野村克也氏が述べています。無論，職員には全員に長打力を持ち合わせてほしいですし，そのための指導は怠りませんが，何よりチームワークを第一義と考える，これこそが学校経営の勘所なのです。

エース（主砲）を育てる

組織の鑑となるエースを育てることは，学校経営や人材育成の中核をなす要素です。しかし意識しなければ，育つものも育ちません…

前項で，機能的かつ前進する学校組織には，野球で言うところの「短打でつなぐ職員」とともに，「長打力のある職員」がいることが望ましいと述べました。この「長打力のある職員」とは，まさに，これまで述べた「フラッグシップ（旗艦）」（P.22）や「組織の魁（さきがけ）となるリーダー」（P.41）と同義です。本項では，（やはり野球にちなんで，）これらを総称して「エース（主砲）」と呼び，そのエースを育てる勘所を述べたいと思います。

もちろん，こうしたエースには誰もがなれるものではありません。卓越した知識や技術を持ち，実践を積み重ねてきていることはもちろん，自分のことのみならず，人（同僚）のために助力を惜しまない姿勢などによって，人間的にも周囲から一目置かれる者でなければなりません。

兵庫教育大学特任教授（環太平洋大学教授）の浅野良一氏は，**「学校の仕事は三遊間（野球の三塁手と遊撃手の間のこと。飛んできた打球をどちらが取るかは決まっていない）だらけ」**と述べた上で，三遊間を抜けそうになる打球に自ら飛びつく者が，将来の有望株（エース候補）であり，三遊間の打球に飛びつく者に対して，特別な目をかけて育てる必要性を説いています。なるほどこうした者をエースに育てれば，校長の目指すより良い学校経営へと確実に近づくでしょう。

しかしその道は，決して平坦なものではありません。「鉛筆の芯を尖らせる育成」（P.24）でも述べたように，芯を尖らせるために，余分な部分や足らざる部分，未熟な部分を研磨するわけですから，その職員には少なからずストレスがかかります。また，こうした職員は，センスが良いがゆえに周りからチヤホヤされてきた確率が間違いなく高いはずです。それに輪を掛けて校長から特別に目をかけられるわけです。なにせ職員全体には「ここまでは

全員行こう」と言いながら，その者には「あなたはここまで行きなさい」と，所謂（いわゆる）「指導と評価の一体化」によって特別な声かけをするわけですから，勘違いする危険性も十分孕（はら）んでいるわけです。

では，なぜそうしたリスクを冒してまでエースを育てなければならないのでしょうか。その理由らしきことについて，野村克也氏が次のように述べています。**「私は中心選手と呼ばれる者にはうるさくいう。エースと4番は鑑でなければならない。彼らの行動にチーム全体が正しい方向に進めるかどうかかかっているのである。中心になる選手がいるからチームはうまく機能するのだ」**。

組織論の原則として「中心なき組織は機能しない」と言われます。ゆえに学校においても，エースを育てることが，学校という組織を機能させる上で必須です。なぜなら，若手をはじめとする多くの職員は，そのエースの背中や立ち居振る舞いを見て育つからです。エースがひ弱な組織は，その姿を見た職員もひ弱になり，逆にエースが強力な組織は，そのエースが他の職員の鑑となって組織全体を押し上げるからです。

だからこそ校長は，職員全体を見る視点とは別の視点を持って，エース（＝主砲＝フラッグシップ＝長打力のある職員＝中心選手）を育てていくことが必要不可欠なのです。

「安定」をとるか「冒険」をとるか…

人事配置は学校経営の“肝”です。慣れている「安定」をとるか，活性化への「冒険」をとるか，校長の思案のし所＝勝負所です…

より良い学校経営に欠かすことができない要素に「人事配置」が挙げられます。これは，運用に「経営」「運営」「采配」などと名のつく全ての組織にとって重要な要素であることは言うまでもありません。野球を例にすると，９つのポジション，ベンチ，ブルペンなど，どこに誰を配置するのかによって勝敗の行方は大きく変わります。ゆえに，こうした人事配置にリーダーは最も頭を悩ませることになります。

ところで，こうした人事配置の際に，「守りの人事」か「攻めの人事」か，さらにはそのバランスをどうするかといった判断を迫られます。「守りの人事」とは，例えば経験豊富なベテランの起用であったり，前例踏襲の起用であったり，言うなれば「保守的人事」とも換言できるでしょう。一方「攻めの人事」とは，例えば新進気鋭の若手の起用であったり，未経験の者の起用であったり，言うなれば「抜擢人事」とも換言できるでしょう。誤解を恐れずに言えば，前者にはある程度計算できる安心感がある一方で驚きの成果はさほど見込めず，後者には予想以上の成果も期待できる一方で蓋を開けてみたら全く機能しない…，そんなリスクがあります。「セオリー」か「ギャンブル」か，「安定」か「冒険」か，そんな言い方もできるかもしれません。

組織内のこうした人事配置の考え方について，松下幸之助氏は，**「だいたい年功序列70パーセント，抜擢30パーセントという感じでやってきた。これが反対に年功序列30パーセント，抜擢70パーセントになると非常に面白いのだが，それはやはりまだ先のことで，（中略）しかし考えてみれば，抜擢の何十パーセントかは賭けである。だが，ときにはあえてその冒険をおかす勇気を持つことが，企業発展の上で求められている時代であると思う」**と述べています。

言い換えれば，「現実的には安定70％＞冒険30％だが，面白いのは安定30％＜冒険70％」となるのでしょうか。かの松下幸之助氏でさえ，現実的には安定に傾倒しているという点に，こうした人事配置の難しさが垣間見えますが，しかし組織を活性化していく上での理想は，冒険人事にあることを明快に示唆しています。

学校においても，組織の気運が右肩上がりに上昇することを感じるのは冒険人事を行なった時です。人は誰しも経験や失敗によって守りの仕事に落ち着きがちになるものですが，校長の冒険によって抜擢された者は，その期待に応えようという気概も相まって，攻めの仕事を展開します。こうした仕事は組織に大いなる勢いをもたらします。

ただし校長の冒険は，冒険しっ放しではいけません。抜擢された職員の，修復不可能な大きな失敗やら，（気が悪い話ですが）人間関係上の問題（僻み・やっかみなど）やらを，リーダーが介添えすることで回避，もしくは軽減することが大切になってきます。

いずれにせよ組織を活性化するための人事配置は難しいものです。すぐに結果が出るとも限りません。だからこそリーダーたる校長は，そこまで想定した上で冒険を決断し，決断したならば最後まで責任を持ってフォローする覚悟が必要なのです。

29 四役が同じ考えなら学校が動き出す

校長が方針を示しただけでは職員は動けません。軌道修正もままなりません。方針の具現化に向けた，参謀の確かな働きかけが必要です…

本章「22　方針はトップダウン，具体はボトムアップ」（P.56）において，全体の方針を示す校長自身のトップダウンが機能しなければ，学校は路頭に迷うと述べました。しかし，校長の方針をどんなに効果的に伝えたとしても，職員全体への浸透は浅いものです。念押ししたり，詳説したり，補足したり，フォローしたり，根回ししたり，指導したりする機能なくして，隅々まで浸透するものではありません。学校で言えば，その役割を担うのが，教頭であり，教務主任であり，平成29年３月に学校教育法の一部改正（「事務に従事する」から「事務をつかさどる」へと変更）によって，より主体的・積極的に校務運営に参画することが求められるようになった事務職員（以下，三役）であるのです。

しかし，この「念押し・詳説・補足・フォロー・根回し・指導」を，真に“魂”を込めて行うことはそう容易（たやす）いことではありません。日頃から，よほど学校経営方針をはじめとする校長の考え方，教育観，運営の手法などを熟知していなければなりません。**落合博満**氏が，その著書『采配』（ダイヤモンド社）の中の，「監督の仕事は，選手ではなくコーチの指導」と見出しのついた一節で，**「選手に対しては『見ているだけ』『たまに見るだけ』で自己成長を促しているが，コーチたちはそうはいかない。コーチたちには教えなければいけない」**と述べていますが，校長も，こうした参謀（三役）を日頃から鍛え育てなければ，方針の具現化などままなりません。まして，校長を含めた四役の考えがバラバラで，しかも校長の方針と違っていたとしたら，組織は崩壊の一途を辿ります。

ところが，ただでさえ多忙な学校です。そんな改まった時間はなかなか取れません。そこで私は，週に二度，できるだけ短時間で，こうした四役による打ち合わせ会を行うようにしています。しかもそこには，以下にお示ししているような校長自らが作ったプロットによって，校長の考え方，施策のゴールイメージ，（場合によっては）そこに至るまでの役割分担を含めた方法などもあわせて伝えるようにしています。

四役会（R６．某月某日）

○報告・連絡・相談（三役→校長）
○指示・連絡事項（校長→三役）
・校長・教頭が校舎内を回るタイミングについて
→校長の視点は「学級の空気を見る」「子どもを見る」「職員を見る」。
→教頭の視点は上記３点に加え「授業を見る」。
→校長と教頭が同時間には回らない，かつ固定した時間には回らない。

・ICT 端末の活用について
→金曜日の連絡会後の「ミニ子どもを語る会」の内容を精選・スリム化した上で，ICT 活用ミニ研修会の時間を確保したい。ICT 端末の持ち帰りは学力向上というよりも非常時対応を前提にくその分授業でしっかりと活用する。

・自己申告書の作成・提出について
→教職は仕事そのものが教材であり，仕事自体が意欲を引き出す職種である。ゆえに「目標」で育て，「評価」で育てたい。そして，個人の成長と学校教育の成果向上の同時実現を目指す取組としたい。

・全国学力・学習状況調査について
→平均正答率のみならず，分布図との相関で分析して職員に示すこと。必ず「指導と評価の一体化」の必要性に行き着くはず。

校長が言ったことを職員ができていないからと言って，校長自ら念押ししたり，詳説したり，補足したり，フォローしたり，根回ししたり，指導したりしていては，組織の体を成しません。トップが繰り返し伝えることも大切ですが，基本的には大きなものさしで１回だけ。後は，三役がそれぞれの立場から，それぞれの視点で，それぞれの手法で浸透させていくのです。

四役が同じ考えなら学校が動き出すとは，裏を返せば，四役が同じ方針や理念，哲学さえも共有することで初めて学校を動かすことができるということなのです。ゆえに校長の役割は，職員全体にああだこうだ細かく言うよりもむしろ，三役の指導・育成，そして四役の足並みを揃えることに８割以上のエネルギーを割くことなのです。

30 仏作って魂入れる

せっかく立派な「仏」を作っても，そこに「魂」が入っていなければ，不完全どころか「無用の長物」になりかねません…

「仏作って魂入れず」という有名な諺（ことわざ）があります。元の意味は「仏像を作っても魂を入れなければ，単なる木や石と同じである」であり，転じて「せっかく良いものを作っても，大事なものが抜け落ちていればそのもの自体が無駄になる」という意味で使われます。

仮に「仏」…制度・施策・取組・方針，「魂」…理念・哲学・ビジョン・戦略などと定義して学校経営に思いを巡らせると，学校経営力を高める神髄らしきことに思いが至ります。

即（すなわ）ち，逆説的に言えば，学校に限らない世の中の組織経営において，「仏」はできたとしても，そこに「魂」が入っていない施策…，言い換えれば，「形（形式）」だけはできたけれども，「本質」が伴っていない施策が山のようにあるのではないか…，私にはそんな実感があります。形だけできると，所謂（いわゆる）「形骸化」を引き起こし，よかれと思って作ったその施策は，言わば「無用の長物」となります。しかし学校には，無策のままで埃（ほこり）をかぶっていると思（おぼ）しきものがあふれかえっています。そうならないように，施策（＝「仏」）に「魂」を入れなければなりません。

例えば，年度当初に校長が示す「学校経営目標」。果たしてどれだけの職員がこの目標を意識して（もっと言えば覚えて）いるのでしょうか。多くの職員はほぼほぼ覚えてすらいない…，つまり，完全に“お飾り”になり果ててしまっているとは，少し言葉が過ぎるでしょうか…。例えば，「あいさつの大切さを訴える校長の訓示」。果たしてどれだけの職員が本気になって改善しようと子どもを指導するのでしょうか。

「いたしかたない。それが学校文化だ…」といった声が聞こえてきそうですが，私はそんな妥協に屈するつもりはありません。

以下にお示しするのは，私が保護者向け，子ども向けに毎月発行している校長室だよりです。令和６年度，私が掲げた学校経営方針は「すべての子どもが，伸びて輝く学校～元気いっぱい，力いっぱい，笑顔いっぱい～」です。学校経営のスローガンたるこの言葉（＝仏）を，私は単なるお飾りで終わら

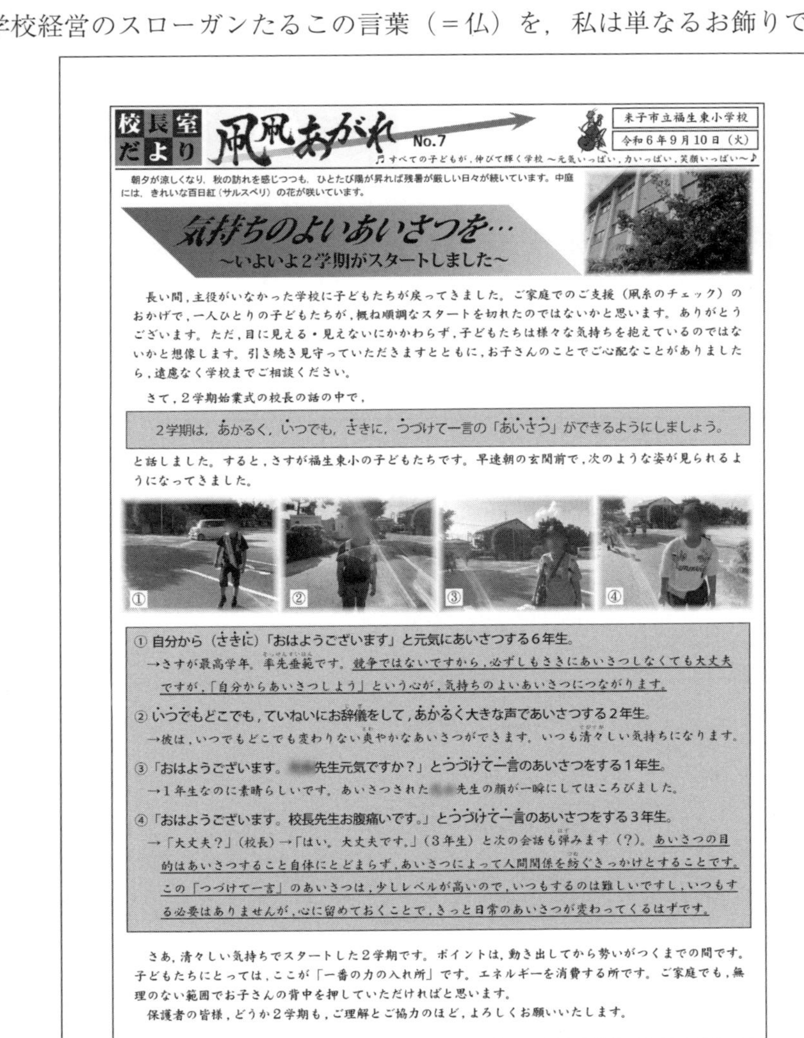

校長室だより　凧凧あがれ　No.7

米子市立福生東小学校

令和６年９月10日（火）

♬すべての子どもが，伸びて輝く学校～元気いっぱい，力いっぱい，笑顔いっぱい～♪

朝夕が涼しくなり，秋の訪れを感じつつも，ひとたび陽が昇れば残暑が厳しい日々が続いています。中庭には，きれいな百日紅（サルスベリ）の花が咲いています。

気持ちのよいあいさつを…

～いよいよ２学期がスタートしました～

長い間，主役がいなかった学校に子どもたちが戻ってきました。ご家庭でのご支援（凧糸のチェック）のおかげで，一人ひとりの子どもたちが，概ね順調なスタートを切れたのではないかと思います。ありがとうございます。ただ，目に見える・見えないにかかわらず，子どもたちは様々な気持ちを抱えているのではないかと想像します。引き続き見守っていただきますとともに，お子さんのことでご心配なことがありましたら，遠慮なく学校までご相談ください。

さて，２学期始業式の校長の話の中で，

２学期は，あかるく，いつでも，さきに，つづけて一言の「あいさつ」ができるようにしましょう。

と話しました。すると，さすが福生東小の子どもたちです。早速朝の玄関前で，次のような姿が見られるようになってきました。

①　②　③　④

① 自分から（さきに）「おはようございます」と元気にあいさつする６年生。
→さすが最高学年。率先垂範です。競争ではないですから，必ずしもさきにあいさつしなくても大丈夫ですが，「自分からあいさつしよう」という心が，気持ちのよいあいさつにつながります。

② いつでもどこでも，ていねいにお辞儀をして，あかるく大きな声であいさつする２年生。
→彼は，いつでもどこでも変わりない爽やかなあいさつができます。いつも清々しい気持ちになります。

③「おはようございます。先生元気ですか？」とつづけて一言のあいさつをする１年生。
→１年生なのに素晴らしいです。あいさつされた先生の顔が一瞬にしてほころびました。

④「おはようございます。校長先生お腹痛いです。」とつづけて一言のあいさつをする３年生。
→「大丈夫？」（校長）→「はい。大丈夫です。」（３年生）と次の会話も弾みます（？）。あいさつの目的はあいさつすること自体にとどまらず，あいさつによって人間関係を紡ぐきっかけとすることです。この「つづけて一言」のあいさつは，少しレベルが高いので，いつもするのは難しいですし，いつもする必要はありませんが，心に留めておくことで，きっと日常のあいさつが変わってくるはずです。

さあ，清々しい気持ちでスタートした２学期です。ポイントは，動き出してから勢いがつくまでの間です。子どもたちにとっては，ここが「一番の力の入れ所」です。エネルギーを消費する所です。ご家庭でも，無理のない範囲でお子さんの背中を押していただければと思います。

保護者の皆様，どうか２学期も，ご理解とご協力のほど，よろしくお願いいたします。

せたくないという思いから，ありとあらゆる機会にくり返しくり返し伝えています。その一環として，校長が出す校長室だよりにもその言葉を掲げているわけです。（※タイトル右下）

また，本校の子どものブラッシュアップ項目の一つとして「あいさつ」に課題意識を持っていた私は，夏休み明けの２学期当面の目標として，あいさつの質的向上（＝仏）を掲げました。ところが職員会や始業式で，校長が「あいさつをがんばりましょう」と呼びかけたところで，単なる形式的な目標で終わってしまいます。そこで，２学期早々の校長室だよりに特集を組んで（※紙面内容），全家庭に配布したのです。ほどなく，２学期早々の子どもたちのあいさつは見違えるように変わりました。ただ，「すべての子ども」ではありません。そこで，PC 上の職員掲示板に次のようなメッセージを送りました。

> 先生方のご指導の賜で，子どもたちのあいさつが良くなってきました。朝立っていると，「明るく」「先に（自分から）」「続けて一言」のあいさつが増えてきています。とても健気で微笑ましいです。
>
> さて，「火の気があるうちに風を送れ」です。さらにあいさつが良くなるよう，引き続きのご指導をお願いします。

翌週，子どもたちのあいさつが，さらに一段良くなったことは言うまでもありません。まさに「あいさつのブラッシュアップを」という「仏」に，くり返しくり返し「魂」を入れていった成果と言えます。

こうしたことは学校経営全般に言えることです。せっかく脳味噌に汗をかきながら出したアイデアが形だけのものになれば，意味を成さないばかりか，かえって子どもや職員の負担を増やしてしまうことになります。ゆえに校長は，施策や取組という「仏」に，あの手この手で「魂」を入れ，学校経営を実のあるものにしていかなければならないのです。

職員の「接遇・法令遵守（コンプライアンス）力」を高める

外部の目に晒（さら）され，時として「学校の顔」としての応対が必要となる職員に求められる「接遇力」，教育公務員として求められる「法令遵守＝コンプライアンス力」を高める術とは，いかなるものか…

頭からつま先まで見られている意識を

「足下を見られる」とは，「相手に弱みを見抜かれる」の意ですが，学校の職員は，頭のてっぺんからつま先まで，外からの視線が注がれています…

学校に勤務する職員は，日常を占めるほぼ全ての時間が子どもと接する時間であり，あまり外からの目を意識することはありません。しかし，外部の方は否応(いやおう)なしに我々をよおく見ているものです。そして，職員の姿形(すがたかたち)や対応をもってその学校（組織）を判断（品定め）します。その入口となる要素が，服装（身だしなみ）です。

身だしなみとは，そもそも「身をたしなめる，慎む，身苦しくないように心がけ，相手を敬うこと」です。自分さえよければそれで済むのではなく，相手意識を持たなければならないのです。しかし，学校現場を見渡すと，

①だらしない服装（身だしなみ）　②華美な服装（身だしなみ）

といった教師が，教育委員会として学校を訪問する時でさえ散見されます。もしかしたら，外部の９割の方は意に介さないことかもしれません。でも，１割の方は「なってないな」ときっと思っています。見られていないと思っているのは単なる思い込みであって，頭のてっぺんからつま先までしっかり見ている人がいるのです。

したがって，職員の服装（身だしなみ）を整えるよう指導することも，大切な人材育成の一環です。次のような言葉がけによって，職員への啓発を図ります。

米国の心理学者アルバート・メラビアンは，話し手が聴き手に与える影響のうち，視覚情報が55%，聴覚情報が38%，言語情報が７%と数値化しました。言語以外が93%と大きな割合を占める，つまり非言語のほ

うが言語よりも圧倒的に影響力が大きいことが示されたわけです。

また，ある上場企業の元採用担当官の話では，「面接官が人間を観る４つのポイント」の筆頭として「見た目」を挙げています。以前，『人は見た目が９割』（竹内一郎著，新潮社，2005年）という本がベストセラーになったことがありますが，人間は多くの場合，まず，視覚から情報を得ます。そして，得た情報からその人の印象を決めてしまうものです。時として憶測であっても，「服装（身だしなみ）」から「中身」まで判断されることもあります。「中身」はもちろん大切ですが，「服装（身だしなみ）」も大切です。気をつけましょう。

ちなみに私は，教育委員会時代は言うに及びませんが，校長となってからも，或いは教諭時代においてさえ，毎日スーツで出勤していました。ネクタイは毎日変え，靴はいつもピカピカに磨いていました。休日であっても，職場にはサンダル履きなどでは行きません。その服装（身だしなみ）をどこで誰に見られているか分からないからです。その姿形をもって，私という人間を評価されかねないからです。こんなことで評価が下がってはたまりませんが，こんなことで「よしよし分かっているな」と評価が上がるのなら朝飯前なのです。

電話を受ける職員は「学校の顔」

たった一人の言動が，学校全体の印象を決定づけます。電話は「声の窓口」，「顔」です。信頼を得るのか失うのか，その応対にかかっています…

言うまでもなく，外部からの問い合わせに対する職員の応対は，その学校の全てを印象づけるがゆえに，学校経営上の重要事項の一つです。ところが，民間のそれに比べ，学校という元来閉鎖的な組織では，それほど重視されてきていないように感じるのは私だけではないはずです。こうした危機意識から，教育委員会時代には，若い先生方の職務研修の中に必ず「接遇」に関する人材育成研修を組んでいました。しかし学校では，なかなかそこまで徹底して指導できていないのが現状だと思われます。本項ではこうした背景から，学校において指導したい事項のうち，まずは「電話の受け方」の具体的な応対例について，以下に列挙します。

【電話の受け方の基本】

①電話が鳴ったら…

・できるだけ早く（３コールまでを目安に），明るいトーンでとる。

・すぐにメモをとれる状態でとる。（「記憶」より「記録」）

②あいさつし，名乗る

・「おはようございます，（校名）・（名前）です」

※電話をとるのが遅れた場合，「お待たせいたしました」の一言を。

③相手の確認とあいさつ

・「恐れ入りますが，お名前を頂戴してもよろしいですか」

・「いつも大変お世話になっております」

※関係のなさそうな相手にも「お世話になっております」の一言を。

※役職のある相手でも「（所属）の（名前）ですが…」と役職名を名乗られることはまずない。その時に，「（役職名）さん，いつも大変お世

話に…」と返すと印象がかなり上がる。関係のある周囲の方々の役職を覚えたり，名簿一覧などを手元に置いたりしておくと良い。

④用件を伺う

・相手が目の前にいるつもりで，相槌を打ちながら用件を聞く。

・調べ物などで，相手を長く待たせる時はかけ直すことを提案する。

・伝言の場合，「（名前）が承りました」と自分の名前を伝えておく。

⑤電話を取り次ぐ

・「はい，おりますので，少々お待ちください」

※できるだけ保留にし，保留中の会話が相手に洩れないようにする。やむを得ない場合は，手で受話器を覆うなどの配慮をする。

・「あいにく○○は只今席を外しております。戻り次第こちらからお電話差し上げましょうか」

※保留で相手を待たせる時間は長くても30秒程度。それ以上待たせる場合はこちらから折り返すことを打診する。

・「申し訳ございません。○○は只今席を外しております。私でよろしければご用件を伺いましょうか」

※折り返しの電話を打診しても遠慮される場合がある。その場合でも，「お電話があったことを伝えておきます」と言っておくと良い。

・「申し訳ございません。私では分かりかねます。担当の者に代わりますので少々お待ちいただけますか」

⑥内容を確認する

・「くり返します。○○ということでございますね」

⑦あいさつ，静かに切る。

・「失礼いたします」

※相手が切った頃合いを見計らって静かに受話器を置く。

※どのような内容の意見にも，「貴重なご意見をありがとうございました」などとお礼を言うこと。

電話をかける職員は「学校の顔」

電話をかける際は，相手の時間をわざわざ頂戴して，こちらの用件を伝えるということを意識しなければなりません…

続いて「電話のかけ方」です。基本の構えは「受け方」と同じですが，こちらが用件を伝える側であり，相手の時間を奪ってしまうことを前提とした配慮事項があります。以下に列挙します。

【電話のかけ方の基本】

①電話をかける前に…

・用件をメモしてからかける。

・要点を押さえて話せるようにしておく。

※説明は，「頂上（結論）」から「麓（補足）」へ。「相手の時間を奪う」という意識で，用件を簡潔明瞭に伝えられるように整理しておく。

②電話をかける

・「お昼時に（朝早くから・夜分遅くに）申し訳ありません」

・「（校名），（名前）と申します。いつも大変お世話になっております」

・「恐れ入りますが，○○様をお願いいたします」

③電話が長引きそうな時や相手が忙しそうな場合

・「今，お時間よろしいでしょうか」

④電話を切る

・「ありがとうございました」

・「よろしくお願いいたします」

・「失礼いたします」

※相手が切った頃合いを見計らって静かに受話器を置く。

⑤その他

・電話を受けた時に，別件で伝えたいことがある場合は，「このお電話

をお借りして申し訳ないのですが…」の一言を必ず入れる。
・一度の電話で複数の相手に用事がある場合，基本的には職位が下の相手から順に用件を伝えると良い。
（例：教頭→校長。校長に電話を取り次がせることは礼を失するため。最初に校長が出た場合は，かけ直すか，「恐れ入りますが…」などの一言を必ず添える。）

「礼儀作法というものは，決して堅苦しいものでも，単なる形式でもないと思います。それはいわば，社会生活における“潤滑油”のようなものと言えるのではないでしょうか。（中略）ですから，礼儀作法というものは，当然，心のこもったものでなければなりませんが，心に思っているだけでは潤滑油とはなり得ません。やはり形に表わし，相手に伝わりやすくし，心と形の両面があいまった適切な礼儀作法であってこそ，はじめて生きてくると思うのです」とは，**松下幸之助**氏の言葉です。

気持ちは目に見えません。まして電話ですから尚（なお）のことです。そんな中で，礼を失することのないようにすることはもちろん，相手にこちらの気持ちが伝わるような電話応対を身に付けることは，外部に電話をかける機会の多い学校の職員にとって必須事項なのです。

クレームに対応する職員は「学校の顔」

クレームには誠心誠意対応することが求められます。しかし，対応によっては，新たなクレームを生む悪循環に…

発展編として「クレーム対応」です。クレームは誰しも避けて通りたいものですが，関係改善・強化のチャンス，サービス向上のチャンス，指導力や経験値アップのチャンスと捉えることが大切です。そして，クレーム対応によって新たなクレームを生まないようにすることが“肝”です。以下に具体的な応対例を列挙します。

①受容・傾聴
・「そうでしたか。それはさぞご不快な思いをされたと思います」
・「お気持ちはごもっともです」
・「どのような状況だったかお聞かせ願えますか」
※まずはしっかり相手の言い分を共感的に受け止め，「主訴（最も訴えたい気持ち・内容・対応）」が何なのかを把握する。
※当事者と同じエネルギーで，相槌を打ちながら，丁寧に聞き取る。
②謝罪
・「不愉快な思いをさせてしまい，申し訳ございません」
・「ご不快な思いをさせてしまったことについてお詫びします」
※不快な気持ちにさせてしまったことについて，まずは謝罪する。
※ただし，事実確認できていない段階で，具体的な内容についての謝罪は避けること。
※自分が直接関わっていないことでも学校を代表して謝罪する。
③主訴の確認
・「内容を確認させていただきますと，〜ということですね」
・「お話を整理させていただきますと，〜ということですね」

※不快の原因は何か，相手の主訴は何か，学校側に求めている対応は何か，しっかりと確認する。

④対応（謝罪）

・「お気持ちはごもっともです。申し訳ございません」

・「○○であったことについてお詫びいたします」

※原因を分析し，不快の感情の元となる事実について謝罪する。

・「すぐに確認しますが，（もしそうだとしたら）大変申し訳ないことをしました」

※事実未確定の内容であれば，具体的な謝罪はやんわりと避ける。

※「もし事実であれば」「もしそうであれば」と枕をつけたいが，相手の怒りを買うこともあるので相手のトーンを伺いながら。

⑤対応（取り次ぎ・回答保留・解決案提示・対応確認）

・「恐れ入りますが担当に替わります。少々お待ちいただけますか」

・「申し訳ありませんが私では判断しかねます。少々お時間いただけますか（折り返しお電話させていただいてもよろしいですか）」

・「すぐに○○させていただきたいと思いますがいかがですか」

※怒りの元となる原因を確認した上で，解決策を提案する。

⑥対応（拒否）

・「大変恐れ入りますが，そのことについてはいたしかねます」

※組織としてできないこと（無理難題・過剰要求）に対しては，冷静かつ毅然とした態度で要求を拒否することも時として必要。

⑦謝罪と感謝

・「今後このようなことがないよう十分注意いたします」

・「この度は貴重なご意見をありがとうございました」

・「今後も何かお気づきの点がありましたらご連絡ください」

※謝罪とともに，指摘への謝意を伝える。あわせて，今後も謙虚に意見を受け止める姿勢を示す。

謝罪とクッション言葉は危機管理になる

マニュアルどおりの応対では，必ずしも相手に心が通じるとは限りません。それを補うスタンスやスキルが必要です…

ここまで，学校における「接遇」の中核をなす電話応対について具体的な応対例を挙げながら説明してきました。本項では，それらを貫く，職員が持つべきスタンスや付随するスキルについて述べたいと思います。

①謝罪することは無料(タダ)。

フリージャーナリストの池上彰氏は，その著書『伝える力』（PHP 研究所）の中の，「謝ることは危機管理になる」の一節で，次のように述べています。**「“謝罪”は危機管理になる（中略）『正しいか正しくないか』とは別に，『今，何を言うべきか』を判断する能力は，ビジネスパーソンに求められる資質といえるでしょう」**。

とかく，意見やクレームを受けると，どうしても防衛本能が働いて，その相手を論理的に打ち負かそうとしてしまうのが人情というものです。こちらに非がないと思ったり，相手の誤解であったりすれば尚(なお)のことです。しかし，仮にそうであっても，相手を完膚なきまでに叩きのめして良いことなど一つもないのです。大切なのは，相手の気持ちを鎮めること。振り上げた拳を下ろしてもらうことなのです。そのためには，出し惜しみすることなく謝罪することが大切です。謝罪することは無料(タダ)なのですから。

ただし，謝り方にもコツがあります。例えば，「子どもが担任から厳しい指導を受けた」と保護者が学校にクレームを言ってきたとして，実は，別の子への指導を自分の子への指導と思い違いをしていたとしましょう。当然，このクレームに対して「おたくのお子さんに言ったわけではありませんよ」とストレートに返してしまっては，保護者に感情的なしこりが残ります。ところが，「実は他のお子さんへの指導だったのですが，（あなたの）お子さんにまでそのように思わせてしまったようです。申し訳ありません」と言えば，相手もある程度納得し，矛を収めるはずです。要するに，「負けて勝つ」のです。事実はこちらに“理”があれど，情緒的にはこちらに“否”があるかもしれません…と暗に伝えるということです。

②クッション言葉が怒りを鎮める。

「クッション言葉」を駆使することも，応対する上で大変重要な要素です。クッション言葉とは，コミュニケーションをスムーズにするために相手の心理を察し，用件を伝える言葉の前に，あえてその内容を緩衝するソフトな表現を枕に置く言葉のことです。例えば次のようなものです。

クッション言葉（例）	用件を伝える言葉
・お忙しいとは思いますが， ・お手数ですが， ・恐れ入りますが，	～していただけますか。
・せっかくですが， ・申し訳ありませんが， ・大変恐縮ですが，	（そのご提案については）～できかねます。
・行き違いかもしれませんが， ・私の伝え方が悪かったかもしれませんが，	～をまだご提出いただいておりません。
・これまで同様， ・引き続き，	～どうぞよろしくお願いします。

こうしたクッション言葉は，例えば相手の都合や心情を慮（おもんぱか）ったり，（100％相手の落ち度であっても）もしかしたらこちらに落ち度があるかもしれないという気持ちを相手に伝えることになります。それによって相手の気持ちが和らぎ，事が穏便に収束します。

具体的な用件に，こうした緩衝材（言葉）を添えて応対することが，スムーズで印象の良いコミュニケーションを可能とするのです。

不当要求に対応する職員は「学校の顔」

常識を超えた「不当要求＝ハードクレーム」には，一段ギアを上げ，対応をシフトチェンジします…

クレームが，常識的な範囲の対応で済まない，所謂（いわゆる）「不当要求＝ハードクレーム」で，通常の対応では危険だと判断されたら，丁寧な言動で礼を失することのないようにしつつも，対応をシフトチェンジしなければなりません。以下に応対例を示します。

①上司に電話を替わるよう要求された場合
- 「私は（上司の）名代（みょうだい）です。お話の内容は私から上司に報告しますので，ご用件をおっしゃってください」

②（外部の方が）執拗に電話をかけてくる場合
- 「前回と同様のお話でしたら，業務に支障を来（きた）しますのでこれ以上はお話を伺うことはできかねます」

③「訴える」と言ってきた場合
- 「してくださいともしないでくださいとも言えませんが，どうしても訴えると言われるのであれば，ご意向を止める権利はありません」

④誠意を見せるよう言われた場合
- 「私どもの誠意は，ご納得いただけるよう説明することです」
- 「おっしゃっている誠意とは，具体的にどのようなことでしょうか」

⑤即答を求められた場合
- 「即答はできかねます。組織としてお答えしなければならない事項ですので，管理職と協議し，改めて回答させていただきます」

⑥大声で恫喝された場合
- 「大きな声を出されますと，場合によっては然るべき機関に連絡しなければなりません。落ち着いてお話しください」

⑦個人的な意見を言うよう要求された場合
・「職務について個人的な意見を申し上げることはできません」
⑧脅迫ともとれる言動があった場合
・「今おっしゃった内容は脅迫と捉えてよろしいでしょうか」
・「これ以上脅迫されるなら，然るべき措置をとらざるを得ません」
⑨話が必要以上に長引きそうな場合
・「申し訳ございませんが，○○時から校内の会があり，本日のところはあと○○分でお話を終了させてください」
⑩飲酒等で正常な話ができない場合
・「そのようなお話のなさり方では，本日は対応できかねます」
⑪不当な要求をくり返して引き下がらない場合
・「おっしゃることはごもっともです。できることとできないことがございますが，できることについては誠意を持って対応して参ります。ただ，ご要望に添えない点については，どうかご理解の上，ご容赦願います」
⑫書面での回答を求められた場合
・「ご理解いただけないようでしたら何度でも説明します」
・「組織としてお答えしなければならない事項ですので，管理職と協議し，改めて回答させていただきます」
・「然るべき相談機関に相談の上，改めて回答いたします」

お示ししたのは，あくまでも電話での基本的な応対例であり，実際はこんな生やさしいものではありません。ゆえに，例えば「複数（組織）体制の確立」「関係機関との連携」「毅然とした応対」「（来校の場合）場所の選定」「記録（秘密録音を含む）の準備」など，ハード・ソフト両面において周到な準備が必要です。内容の詳細については別の機会に譲りますが，日頃からこうした応対を想定して訓練しておくことも大切な危機管理であり，人材育成の要素の一つであるのです。

37 99個◎でも1個×なら致命的な世界

我々教育公務員は，教育に携わるという崇高な使命を負っています。ゆえに，法令遵守（＝コンプライアンス）については常に100点満点を求められます…

ここまで，外部との応対について具体例を示しながら述べてきましたが，教育公務員に求められる今一つの重大な要素は，「法令遵守＝コンプライアンス（以下，法令遵守（コンプライアンス））力」です。

この法令遵守（コンプライアンス）とは，法令だけにとどまらず，社会規範及びルールなどを含めて遵守することを指しますが，結論から言えば，このことについては100点を取り続ける以外ないということです。これを怠れば，「学校の顔」どころか「教職そのものの信頼」を傷つけることになります。

しかし，この100点を取り続けるということは，そう簡単な世界ではありません。常に高い意識を維持しようとしても，例えば自分自身の気持ちのコントロールが難しい時，「これくらいなら大丈夫か」と“魔が差す”心，そして「無知」…など，私たちの生活や心の中には思いも寄らない“落とし穴”がたくさん存在しているからです。

国際コミュニオン学会名誉会長の鈴木秀子氏は，まど・みちおの何気ない日常の出来事の中に潜む人間の過ちを綴った「はっとする」という詩を引き合いに，**「それぞれの出来事に作者はなぜはっとしたかというと，ここに述べられたようなことを自分もしてしまう可能性がある，同じ弱さを備えていると感じているからです」**と述べています。

高い法令遵守（コンプライアンス）力を持ち続けることはそう簡単ではないこと，平時は「絶対にそんなことをしない」と思っていても何かの拍子に簡単に崩れる可能性があること，まずはこの点について自覚しなければなりません。私自身，恥ずかしながらこれまで，自分が無意識に飲酒運転をしていて，そのことに気づいてはっとした瞬間に夢から覚めた経験が少なからずあります。いつも起きた時は汗びっしょりです…。家内には，「そんな夢を見るなんて職業病ね」

と言われる始末です…（苦笑）。一つの笑い話ではありますが，法令遵守力（コンプライアンス）を高め，維持する気構えとはそれくらいのことだと思っています。

では，こうした危機意識をいかに職員に持たせるか，ここが管理職の腕の見せ所です。私は職員に対して，例えば次のような話をしています。

> 先生方，こと法令遵守（コンプライアンス）については，100点を取り続けるしかないのです。仮に99個◎でも１個×なら致命的な世界なのです。ここで言う“致命的な世界”とは，先生方ご自身の人生はもちろんのこと，ご家族などの人生さえも狂わせてしまう可能性があるということです。どんなに指導力があり，人望があり，人気もあり，勤務態度も優秀，実践も豊富で，組織の模範となるような日常があったとしても，たった一回の非日常…，即ち（すなわ）重大な法令遵守（コンプライアンス）違反（例：飲酒運転）を犯してしまったら致命的なのです。ゆえに私たちは，そうならないように常に自分自身を戒める気構えが必要なのです。

「99個◎でも１個×なら致命的な世界」。この言葉は，職員の法令遵守（コンプライアンス）違反に対する危機意識を最大限高めるための言葉なのです。次項以降，その勘所や具体的手法をもう少し紹介してみたいと思います。

38 部下を守るためには，厳しさも含まれる

管理職には“部下を守る”務めがあります。そのためには，煙たがられることをためらっていてはいけません。厳しさが必要です…

前述のとおり，高い法令遵守力（コンプライアンス）を持ち続けることは我々が思っているほど簡単ではありません。校長自身でさえそうであるのに，職員への周知・啓発・徹底は相当なる胆力が必要です。年間を通じて，ことあるごとに校長自身への厳しさと同等かそれ以上の厳しさを持って，個々の職員にも組織全体にも対峙していかなければなりません。

学校に勤務する職員は，教育公務員と呼ばれます。教育に携わるという崇高な使命を担っているからこそ，他の公務員とは別に位置づけられています。「他の99台の車が黄色信号で交差点に進入しても自分だけ（1台）は停止する」のが教育公務員，「他の99台が微妙な一時停止をしても自分だけ（1台）はきっちり・しっかり止まる」のが教育公務員であるとの自覚を持ちましょう。

私が教育委員会４年目の時に，同じ教育委員会出身の偉大な先輩校長から教えていただいた職員への言葉がけです。2024年４月に校長として赴任したばかりの私も，冒頭の職員会にて，受け売りのその言葉を職員に投げかけました。単に「くれぐれも安全運転を」「交通違反しないように」と伝えるよりも，よほど厳しく，職員の心に響くのではないでしょうか。

次に，軽微な事案（ヒヤリハット事案）が起きた時の指導です。この場合，未然防止的な上記の指導から一段ギアを上げて職員を指導する必要があります。私はよく，職員の法令違反行為が具体的にどんな法令のどの項目に違反しているか，そしてどのような罰則が科せられるか，さらに言えばそのことによってどのような懲戒処分を受ける可能性があるのかをあわせて職員に伝

えています。例えば，道路交通法などに定められている「速度超過違反（以下，スピード違反）」。誰しも違反してはいけない意識はあります。また，違反の内容が重大な場合，刑事処分や免許停止・取り消しになることも知っています。しかし，例えば高速道路でのスピード違反の一発免停は40km／ｈから，同じく一般道は30km／ｈからであることは意外に知りません。そして，（鳥取県の場合，）文書訓告以上の処分対象（場合によっては懲戒処分）となることをほとんどの職員は知りません。教育公務員に法令違反の軽重を語るのは心情的には憚（はばか）られますが，背に腹は代えられません。

こうした管理職の指導を，中には「厳しい」と感じる職員もいるでしょう。そんな時には，

- 全てはあなたを守るためだ。
- あなたを職務上守れるのは，あなたの家族ではなく私（校長）だ。
- だからこそ，心を鬼にして厳しいことも言わなければならないのだ。

といった決めゼリフを用意します。職員の反発を恐れて指導を躊躇していては，職員を守ることはできません。管理職には，毅然とした態度と内容で，全ての職員を守る“厳しさ”が求められるのです。

最悪の事態を想起させる

法令遵守（コンプライアンス）のポイントは，いかに“最悪の事態”を想起できるかです。そのためには“最悪の事態”がいかなるものかを知る必要があります…

職員の法令遵守（コンプライアンス）力を高めるために，法令違反をした際の最悪の事態がいかなるものかを関係法令とともに伝えることも私は重要だと思っています。取り上げる“最悪の事態”は，全国各地で実際に起こった事例をもとにします。無論，事例の中には当該職員が懲戒免職となったケースもあります。そういった意味では，こうした指導も「厳しさ」の一環と言えます。

例えば，下のようなケースについて，職員に考えさせます。

> 銀行に行った際，ATM の横に現金10,000円が置いてあることに気づいたあなたは…
> 【問い】警察に届けようと財布に入れた。起こりうる最悪の事態は…？

いかに警察に届けようと思ったとしても，自分の財布の中に入れた時点でほぼアウトです。もしもすぐに警察に行かず，家に帰ってごそごそしているうちに失念してしまったら…，そのお金を無意識のうちに使ってしまったら…，ほどなく，持ち主の紛失届けを受けた警察が防犯カメラの映像を確認したら…，完全にアウトです。どんな言い訳をしようと，刑法第235条「窃盗」，地方公務員法第33条「信用失墜行為の禁止」などに抵触する重大な法令遵守（コンプライアンス）違反となります。おそらくは懲戒処分も免れないでしょう。

私たちは普通の生活をしている中で，こんなことまで考えることはまずありません。特に人生経験の浅い若い職員に至っては，想像すらしたこともないでしょう。考えることがないのですから，その行為が及ぼす最悪の事態とはいかなるものか，しっかり考えさせなければなりません。

こうしたことから，私は，例えば年度当初や長期休業前，季節ごとの交通安全運動週間などのタイミングで，以下のような職員向け通信を作成・配布し，ミニ研修を行なっています。日常生活の中で，自分自身の行為が及ぼす最悪の事態をいかに想起できるか…，このことが法令遵守（コンプライアンス）力を高める最大の“肝”であると思っています。

No.14

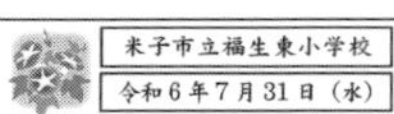

米子市立福生東小学校
令和６年７月31日（水）

♬すべての子どもが，伸びて輝く学校～元気いっぱい，力いっぱい，笑顔いっぱい～♪

コンプライアンス遵守について

６月の定例校長会の時に，標記の件について，過去の具体的な事例等（以下参照）も示しながら指導の徹底を図るよう，米子市教育委員会から指示がありました。

内容については，例年，米子市教育委員会が企画する初任者研修で扱われるものと同じです。ポイントは，**「いかに最悪を想定できるか」**です。起こりうる最悪の事態を関係法令とともに確認し，引き続きコンプライアンス遵守に努めてください。

❶何度言っても忘れ物をくり返す子どもに対して，ついに堪忍袋の尾が切れたあなたは…
【問い】両手で肩をぎゅうっとつかみながら強い口調で叱責した。起こりうる最悪の事態は…？
【関係法令】学校教育法第11条「体罰の禁止」，刑法第204条「傷害罪」

❷連休中，旅行に出かけた際，高速道路で急いでいたあなたは…
【問い】法定制限速度70㎞／hのところを，110㎞／hで走行していた。起こりうる最悪の事態は…？
【関係法令】道路交通法第22条「速度超過」，米子市服務規程第25条，
米子市（組合）立学校教職員の自家用車の公務使用に関する取扱要領第６条

❸片側１車線の道を走行中，遅い（制限速度40㎞／h）車が前を走行していた。あなたは…
【問い】イライラし，クラクションを鳴らした後，アクセルを踏んで一気に追い越した。起こりうる最悪の事態は…？
【関係法令】道路交通法第22条「速度超過」，地方公務員法第33条「信用失墜行為の禁止」

❹上司からの職務命令（文書提出の指示）に納得がいかなかったあなたは…
【問い】命令に従うことなく，不満をSNSに投稿した。起こりうる最悪の事態は…？
【関係法令】地方公務員法第32条「法令等および上司の職務上の命令に従う義務」，
地方公務員法第33条「信用失墜行為の禁止」

❺銀行に行った際，ATMの横に現金10,000円が置いてあることに気づいたあなたは…
【問い】警察に届けようと財布に入れた。起こりうる最悪の事態は…？
【関係法令】刑法第235条「窃盗」，地方公務員法第33条「信用失墜行為の禁止」

❻日頃から家族の悩み相談にのっている生徒から「LINEでも相談にのってほしい。」と言われたあなたは…
【問い】LINEを交換した。起こりうる最悪の事態は…？
【関係法令】鳥取県青少年健全育成条例第18条，地方公務員法第33条「信用失墜行為の禁止」

❼あなたは，飲み会で未明まで飲酒して帰宅。翌朝，出勤のために自宅を出発しようと自家用車に乗り込んだ。
【問い】起こりうる最悪の事態は…？
【関係法令】道路交通法第117条「酒気帯び運転等の禁止」，
地方公務員法第33条「信用失墜行為の禁止」

「傾向と対策」ではありませんよ…

「安全運転を心がけましょう」といった，単なる情緒的な注意喚起では，交通事故・違反は絶対になくなりません…

法令を遵守すべき数ある項目のうち，交通違反の撲滅は，法令遵守（コンプライアンス）の入口にして，最も重視すべき課題の一つです。したがって，職員に対して，口を酸っぱくしてくり返し注意喚起を行なっていく必要があります。しかし，回数が増えれば増えるほど，伝える側も受け取る側もマンネリ化していくのが世の常です。まして，職員に「ああ，またか」と思われるようでは話になりません。心に響くような言葉がけが必要です。

こうしたことから，本章「38　部下を守るためには，厳しさも含まれる」（P.90）でご紹介したような言葉がけの他にも，例えば，

> 子どもたちにルールを守る・教える立場にある者がルールを破って，子どもたちの前に立てますか。ルールを教える立場にある者は，自らルールを守らなければならないことを肝に銘じましょう。100点満点以外あり得ないのです。同じ事故や違反をしても，他の人とは違った批判があることを自覚してください。

といったことも，私はよく職員に伝えています。

しかし，決して職員を信頼していないわけではないにせよ，口頭による指示・指導だけではどうにも不安が拭えない私は，「何か形に残るものにならないか」「目に見える形にして職員に示せないか」と，校長１年目の４月のある休日に，米子市内を車でドライブすることに。目的は，市内各地の交通違反多発箇所（と思われる箇所）を現地で撮影すること。そして，「交通違反ハザードマップ」と称して，次頁のような職員向け通信を作成し，翌週の職員会で配布したのでした。

校長通信　雨にもまけず No.3

米子市立福生東小学校

令和６年４月11日（木）

♬すべての子どもが，伸びて輝く学校 ～元気いっぱい，力いっぱい，笑顔いっぱい～♪

交通違反ハザードマップ　※ 傾向と対策ではありませんからね。

4/6（土）～15（月）は，「**春の交通安全運動**」です。「春の交通安全運動」も，先日の「学校経営方針」の中でお話しした，「一時停止の徹底（一点突破）」も，**自分の日頃の運転を点検し，気を引き締め，戒める契機とするための取組**です。…とは言え，具体的な**武器**（？）も必要です。そこで，先生方をお守りするために市内各地の交通違反多発箇所を「交通違反ハザードマップ」として以下のようにまとめてみました（本当は市教委時代にやりたかった。）。…「ああここね！」と既に知っている箇所もあれば，ご存じなかった箇所もあるかと思いますが，参考まで…。

…繰り返しになりますが，**「交通安全運動期間だから（だけ）気をつけよう」「この箇所はよく違反がある箇所だから（つかまらないように）気をつけよう」で終わってはいけません**からね。念のため…。

★１「**○○○荘前**」…淀江から日吉津に入る辺りで 50 km/h から 40 km/h 制限に変わるので要注意。

★２「**○○川土手から○○号線**」…横断歩道前に一時停止線あり。つまり（実質的に）二段階停止が必要です。

★３「**○区の○○川に架かる橋**」…橋の先と手前に一時停止線あり，家庭（地域）訪問時等に注意が必要。

★４「**信号機のない横断歩道**」…真っ直ぐな道でも歩行者（自転車）が立っていたら必ず止まらないといけません。学校周辺は特に多いので気をつけましょう。

★５「**○○線から○○西小方面への入口**」…一時停止箇所が２箇所あります。市内から西小へ行く際は要注意。

★６「**○号線から○○○○（英会話）入口**」…朝の 7:30 ～ 8:30 の時間制限で進入禁止。○○○前が混むからといって横着してはいけません。

★７「**○○○前交差点**」…進路変更禁止線（黄線）が長～く引いてあります。踏んだり跨いだりしたらOUTです。

★８「**○○○前交差点**」…★７と同様です。以前，警察に「どうしてあんなに長く引いてあるのですか？」と聞いたら，「あそこは進路変更した自動車への追突事故が多く，それを防ぐために長くしたんです。」との回答あり。交通ルールには必ずその根拠があるのですね。

★９「**○○産業道路**」…ご存じスピード違反多発道路。速度標識はありませんが 60 km / h です。（速度標識のない片側２車線道路は 60 km / h が基本です。ちなみに，片側１車線道路は 50 km / h が基本。

★10「**○○遺跡前道路**」…スピード違反多発道路。★１，９とともに，私の，「クルーズコントロール」常用区間。

★11「**○○体育館前道路**」…大きな石碑に人影があってもなくても要注意。スピード違反，携帯電話等保持（スマートウォッチ含む）の前歴があるとかないとか…。

★12「**○○インターチェンジ入口**」…料金所の横に人影があってもなくても要注意。後部座席シートベルトを徹底しましょう。

［番外編］

★13「**○○県内高速道路**」…スピード違反に注意が必要。ちなみに，高速道路でのスピード違反の一発免停は 40 km /h から（一般道は 30 km /h）で，文書訓告以上の処分対象（場合によっては懲戒処分）となります。

★14「**○○市街地**」…どういうわけか進入禁止（一方通行）違反が多発。ゴールデンウィークで県外へお出かけの際は要注意。「知らない土地だったからうっかり」ではなく，「知らない土地だからこそ慎重に」です。

※ 当然ですが，交通ルール（法定速度等）は日々変わる可能性があります。現地で，先生方の目で，しっかり確認して，安全運転を心がけましょう。したがって，万が一の先生方の過失に，本記事は一切の責任を負いません。あらかじめご了承を。あしからず…。

本当は教育委員会時代に市全体に向けた啓発用通信として発行したかったのですが，教育委員会がこんなものを出せば，「この箇所はよく違反があるから気をつけなさい」という，まるで「『傾向と対策』風情」との誹(そし)りを受けかねません。まあ，校長が発行しても大差はないので（苦笑），次のような決めゼリフによって，職員に意図を伝えます。

> 先生方，これらの箇所に来たら「ああここだ。気をつけなきゃ」と思うのと同時に，「あ，教育公務員たる私は，他の99台が微妙な一時停止をしても自分だけ（1台）はきっちり・しっかり止まらなければ」と思ってください。つまり，これらの箇所は，教育公務員としての自覚を促す箇所（ポイント）なのです。決して，「校長先生が言っていたこの箇所は，よく違反がある箇所だから（つかまらないように）気をつけよう」で終わってはいけませんからね。
>
> なお，当然のことながら，交通ルール（法定速度等）は日々変わる可能性があります。現地で，先生方の目で，しっかり確認して，安全運転を心がけましょう。したがって，万が一の先生方の過失に，本記事は一切の責任を負いませんよ。あしからず…（笑）。

最後は厳しさをユーモアで包みつつ，こうした通信を，「交通安全運動」の目的よろしく，自分自身の日頃の運転を点検したり，気を引き締めたり，戒めたりする契機として機能させるのです。全ては職員を守るため，学校を守るため，あらゆる方法を駆使しながら，指導していく必要があるのです。

教師の「仕事術」を育てる

教師の働き方改革が叫ばれていますが，単に労働時間が短ければ良いというものではありません。効率的に「時間」を使いながら，「質」を担保するための効果的な「仕事術」とは，いかなるものか…。

仕事の早さ =処理の速さ<とりかかりの早さ

仕事が遅い人ほど「仕事の早さ＝処理速度（能力）」ととらえているかもしれません。ところが，仕事が早い人はそうは思っていないはずです…

「仕事は光よりも速く」とは，宮内庁の内掌典を57年も務めた**髙谷朝子**氏の言葉だそうですが，教師に限らず，社会におけるほぼ全ての業種の「超一流」と呼ばれるトップリーダーが，「光よりも速く」と言わないまでも，できる職業人の必須条件として「仕事の早さ」を挙げています。

例えば，シンガーソングライターであり小説家でもある，みなさんご存じのさだまさし氏は，次のように述べています。**「いま起きている問題はいま解決する。『あとでいいや』『明日でいいや』と先延ばしにした瞬間にその人の動きが鈍る」**。

注目すべきは，仕事の早さについて「スピード＝処理速度」というよりもむしろ「とりかかりの早さ」といったニュアンスで述べている点です。前者は「能力」に依存しますが，後者は「意識」に依存します。ゆえに前者は（努力で身に付く余地はあるものの）限られた人，後者は万人が成し得る要素であると言えます。

そもそも処理速度など，ほんのごく一握りの超人的なCPUの持ち主を除き，大きな差などないものです。私自身，長らく部下である指導主事の仕事ぶりを見てきた経験上，確信を持って言えるのは，指導主事のような（一般的に見て）一定の水準以上の能力の持ち主でさえ，９割以上が「どれだけ速く処理するか」ではなく「いつとりかかるのか」によって仕事の早さが決まるということです。

ところが，仕事が遅い指導主事は，仕事の期限が目の前に近づいてきてようやく重い腰を上げ，そこから仕事をするものですから，期限に追い立てられながらの仕事で雑になり，さらに追い打ちをかけるように飛び込んできた不測の案件による焦りがミスを呼び，余計に時間がかかってしまう。そんな

調子ですから，“寝かせる”といった熟成期間もないまま期限を迎えるわけです。とりかかりの遅さが焦りと他力本願な状況を生んでしまうので，「質」など担保されようはずがありません。指導主事に振り返らせると，「他の仕事に追われていた」というよりもむしろ，「まだ余裕があると思って先延ばしにしていた」という理由がほとんどです。

一方，仕事が早い指導主事は，例えば多く見積もって２週間程度の時間を要する仕事ならば，期限の３週間以上前からとりかかります。十分な構想期間と，熟考する時間，さらには合間合間で形になったものを熟成させる（推敲・校正する）時間が確保されているので，質を担保するどころかブラッシュアップがかかった状態で，きっちり期限前に仕事が完結するのです。

「段取りをきちんとしておけば，仕事が早く済むんです。スピード感がなく，ダラダラと働いているようじゃ使い物になりませんし，いつまでも仕事は上達しません。気づいたらすぐやる。面倒なことを先延ばしにしない。一気呵成にやることが仕事の鉄則です」とは，和食の神様と呼ばれる**道場六三郎**氏の言葉ですが，まさに，事前にきちんとした段取りをする時間が確保されれば，仕事の質とスピードの両立が図られるのです。そして，実際に仕事にとりかかった際に起こってくる想定外の事態にさえ，余裕を持って対応できるのです。

仕事で最も重要なのはマネジメント

「段取り八分，仕事二分」と言われます。質の高い仕事は，用意周到に仕組まれた，質の高い段取り（マネジメント）から生まれます…

仕事の早さはとりかかりの早さに大きく依存すると述べました。では，とりかかりの早さはどのようにして担保すべきでしょうか。そして，とりかかりに続く仕事の進め方の勘所はいかなるものなのでしょうか。その答えは，スケジュール管理とTo Doリストの作成，そして優先順位決定から実行に至るまでの一連のプロセス，即(すなわ)ちマネジメント（計画－実行）を機能的に行うことです。こう言うと「そんなことは分かっている」といった声が聞こえてきそうです。しかし，（指導主事ばかり引き合いに出して当人たちに叱られそうですが，）指導主事でさえなかなかこれができないのです…。

私は，教育委員会時代から，次頁にお示ししたような手帳を活用しながら，いかに自分の仕事を遺漏なく，効率的かつ効果的に行うか，さらに言えばいかにして最大限の成果を上げるか…，そんなことを考えながら職務に当たってきたという自負があります。このことは教諭時代からの継続ではあるものの，教育委員会に入って否応(いやおう)なしにその質が研ぎ澄まされていったように思います。私が思う，その勘所とは以下のようなことです。

①一回蓋を開けて中身を見る
②仕事を細分化し，内容と計画を可視化する
③まずは「着手」と手帳に記す
④他力本願を避ける
⑤状況によって計画を継続・修正する

本来「仕事術」の要素としては，例えば「効率化」であったり「時短」であったり「省力化」であったりと非常に多岐にわたることを承知しています

March 3月 2024 ○ R6学校教育目標の策定 ○ R6学校経営方針の作成 ○校長通信（学校経営方針・学年主任会）の作成 ○各種業務の蓋を可能な限り開けておく		28 木 Thursday ○○小引継ぎ会 9:00～ 組合教育委員会 15:15～ 教育委員会臨時会 15:30～	○ R6学校教育グランドデザインの作成 ○ R6学校教育目標のブラッシュアップ ○ R6学校経営方針の作成 ○ PC の整理 ○簿冊などの荷物整理
25 月 Monday ○○小訪問 9:00～ ○○中訪問 13:00～ ○○ホーム訪問 15:00～	○ R6課の目標提出〆切 ○ R6学校教育グランドデザイン作成のチェック ○学校経営方針作成業務のチェック ○課長業務引継ぎ書作成のチェック ○ R6簿冊背表紙の作成 ○事務の執行状況の点検・評価に道筋をつける	29 金 Friday 市長・副市長訪問 9:00頃～ 退職者辞令交付式 11:00～11:45 送別会18:00～	○ R6学校教育グランドデザインの完成 ○ R6学校教育目標の完成 ○ R6学校経営方針のブラッシュアップ ○校長通信（学校経営方針・学年主任会）の作成・着手
26 火 Tuesday 議会10:30～ 議会第2会議室 ○○依頼 13:30～	○ R6学校教育グランドデザインの作成・着手 ○課長業務引継ぎ書作成 ○ R2～R5学校経営方針の確認 ○本校の児童の実態（データを含む）の確認 ○ R6米子市学校教育推進の重点の確認 ○ R6学校教育目標の策定・着手	30 土 Saturday ○○セミナー 7:30～大山 AC	＜年度末業務 To Do リスト＞ ㊞~~学教だより～R6学校教育推進の重点～の作成~~ ㊞~~〃（別葉）の作成~~ ○ R6課の目標の作成 ㊞ ~~R6指導主事役割分担表の作成~~ ○ R6学校教育グランドデザインの作成 ○ R6学校教育目標の策定 ○ R6学校経営方針の作成 ○学校教育課長の業務引継ぎ ○課長業務引継ぎ書の作成・提出 ○ R6簿冊背表紙の作成 ○★★分校辞令書の作成・送付 ○ PC の整理 ○簿冊などの荷物整理 ○事務の執行状況の点検・評価に道筋をつける
27 水 Wednesday ○○検討会 9:00～ 課長引継ぎ 10:00～ ○○小訪問 13:30～	○ R6学校教育グランドデザインの作成 ○ R6学校教育目標の策定 ○永久保存文書内の先輩校長の学校経営方針への目通し ○ R6学校経営方針の作成・着手（全体構想） ○★★分校辞令書の作成・送付	31 日 Sunday ○○セミナー 8:00～米子 GC	

April 4月 2024 ○各種業務の蓋を開ける ○各種口述の作成（着任式・始業式・1年生保護者へのあいさつ） ○入学式祝辞の作成		4 木 Thursday 学年会8:45～ 子どもを語る会 11:00～ 移行支援会議 ①13:00～ ②14:00～	○各種事務手続き・添付書類提出〆切り（事務） ○県校長会メール登録 ○年間予定・4月行事予定を転記 ○合同★★★会について○○校長に相談 ○旅行伺い簿入力・稟議・提出 ○★★印房に印章を取りに行く
1 月 Monday 辞令交付式 （12:30～受付） 13:00～米子 CC 〃　確認式 14:00～ふれ里	○ふれ里から帰着後○○会長に TEL ○校長引継ぎ事項の確認 ○各種業務の蓋を開ける（着任式・始業式・入学式・教職員名簿・教育長面談） ○ R6学校経営方針の完成 ○校長通信（学校経営方針・学年主任会）の完成	5 金 Friday ○○講習会 8:45～ ○○ SSWr 来校 9:30～	○各種口述の作成（着任式・始業式・1年生保護者へのあいさつ）・着手 ○公民館長さんに TEL ○教職員名簿の作成・着手 ○校長年間業務一覧の作成・着手 ○校長通信（雨にもまけず）No.3の作成
2 火 Tuesday 職員会8:45～ 研究推進委員会 11:00～ 臨時校長会 15:00～○○小	○各種指導報告書の確認 ○計画訪問の指導案の確認 ○名刺注文（★★印房に TEL）	6 土 Saturday	○職員の電話番号の登録
3 水 Wednesday 職員会8:45～ 校内研11:00～	○各種メモ転記（校長会，教育長訓示，職員会） ○各種辞令書の伝達 ○校長通信（雨にもまけず）No.3の作成・着手 ○週案ノートの作成 ○市校長会メール登録 ○学年主任会での口述プロットの作成・着手 ○入学式祝辞の作成・着手	7 日 Sunday ○○セミナー 9:30～米子 GC	○各種口述の完成（着任式・始業式・1年生保護者へのあいさつ） ○入学式祝辞の完成

が，本章では紙幅の大半を「計画性」に割いて，次項以降，それぞれの詳細についてお伝えしたいと思います。また，本来ならば私の手帳の実物の画像を貼り付けたかったところですが，どこにどうぼかしを入れても，あまりに公開できない内容が多すぎるため（苦笑），事実に基づくことをベースとしつつも，主張に沿って少し体裁を加工した内容でお示しすることも，あわせてご容赦いただければと思います。

一回蓋を開けて中身を見る

仕事の中身の確認なくしてマネジメントは起動できませんが，その箱の中身をなかなか見ない，いや見たくないのが人情というものです…

人は誰しも，未知なる仕事を行うことに対して，どうしても後ろ向きになりがちです。とりかかりのエネルギー量は，走り出してからのそれと比ぶべくもないほどに大きいからです。そしてじりじりしているうちに時が過ぎ，ようやく動き出してみたらスケジュール的に非常に危うい状況にあった…といったことに陥りがちです。「こんなことならもっと早くとりかかっておけば良かった」と誰しも思いますが，時すでに遅しです。

その大半は，未知なる仕事を見ないまま（その仕事の）亡霊を恐れているか，或いは軽く（甘く）見て悠長に構えているかのどちらかが原因です。恐ろしいことに，こうした時間はあっという間に過ぎ去っていきます。重い腰を上げてようやく着手してみると，例えば日程や場所の押さえやら，来賓・講師依頼やら，要するに他力本願的な要素の調整がままならず，仕事そのものの見直しを迫られるといった危機に陥ったなんてこともざらです。

ゆえに，とりかかりを早くするというのが仕事術の鉄則ですが，そのために，その仕事が入っている箱の蓋を一回開けて仕事の中身を確認するという作業が必須です。ここで言う中身とは，例えば，①その仕事の全体像（５Ｗ１Ｈ），②その仕事が完結するまでのスケジュール，②外部依頼の有無，③場所（会場・部屋）押さえの有無，④文書作成の有無及びその内容…などを指します。このことは，既知であっても，例えば１年前のことがうろ覚えである仕事などを進める上でも同様です。

例えば，次頁に掲載した私の手帳（2024年３月最終週のスケジュールをほぼそのまま再現したもの－ただし３月26日（火）時点）の中の，３月25日（月）をご覧ください。この時，私はまだ校長ではありませんが，週（月(つき)）が明けて４月２日（火）には職員会があり，校長赴任早々（しかも初任）の

<table>
<tr><td colspan="2">March 3月 2024
○ R6学校教育目標の策定
○ R6学校経営方針の作成
○校長通信（学校経営方針・学年主任会）の作成
㊞~~各種業務の蓋を可能な限り開けておく~~</td><td>28 木 Thursday
○○小引継ぎ会
9:00～
組合教育委員会
15:15～
教育委員会臨時会
15:30～</td><td>○ R6学校教育グランドデザインの作成
○ R6学校教育目標のブラッシュアップ
○ R6学校経営方針の作成
○ PC の整理
○簿冊などの荷物整理</td></tr>
<tr><td>25 月 Monday
~~○○小訪問~~
~~9:00～~~
~~○○中訪問~~
~~13:00～~~
~~○○ホーム訪問~~
~~15:00～~~</td><td>㊞ ~~R6課の目標提出〆切~~
㊞ ~~R6学校教育グランドデザイン作成のチェック~~
㊞~~学校経営方針作成業務のチェック~~
㊞~~課長業務引継ぎ書作成のチェック~~
㊞ ~~R6簿冊背表紙の作成~~
㊞~~事務の執行状況の点検・評価に道筋をつける~~</td><td>29 金 Friday
市長・副市長訪問
9:00頃～
退職者辞令交付式
11:00～11:45

送別会18:00～</td><td>○ R6学校教育グランドデザインの完成
○ R6学校教育目標の完成
○ R6学校経営方針のブラッシュアップ
○校長通信（学校経営方針・学年主任会）の作成・着手</td></tr>
<tr><td>26 火 Tuesday
~~議会10:30～~~
~~議会第2会議室~~

~~○○依頼~~
~~13:30～~~</td><td>㊞ ~~R6学校教育グランドデザインの作成・着手~~
㊞~~課長業務引継ぎ書作成~~
㊞ ~~R2～R5学校経営方針の確認~~
㊞~~本校の児童の実態（データを含む）の確認~~
㊞ ~~R6米子市学校教育推進の重点の確認~~
㊞ ~~R6学校教育目標の策定・着手~~</td><td>30 土 Saturday
○○セミナー
7:30～大山 AC</td><td rowspan="2">＜年度末業務 To Do リスト＞
㊞~~学教だより～R6学校教育推進の重点～の作成~~
㊞~~　　　　〃　　　　　（別葉）の作成~~
㊞ ~~R6課の目標の作成~~
㊞ ~~R6指導主事役割分担表の作成~~
○ R6学校教育グランドデザインの作成
○ R6学校教育目標の策定
○ R6学校経営方針の作成
㊞~~学校教育課長の業務引継ぎ~~
㊞~~課長業務引継ぎ書の作成・提出~~
㊞ ~~R6簿冊背表紙の作成~~
○★★分校辞令書の作成・送付
○ PC の整理
○簿冊などの荷物整理
㊞~~事務の執行状況の点検・評価に道筋をつける~~</td></tr>
<tr><td>27 水 Wednesday
○○検討会
9:00～
課長引継ぎ
10:00～
○○小訪問
13:30～</td><td>○ R6学校教育グランドデザインの作成
○ R6学校教育目標の策定
○永久保存文書内の先輩校長の学校経営方針への目通し
○ R6学校経営方針の作成・着手（全体構想）
○★★分校辞令書の作成・送付</td><td>31 日 Sunday
○○セミナー
8:00～米子 GC</td></tr>
</table>

私が職員に学校経営方針を説明しなければなりません。それを赴任当日の4月1日（月）に行なっても到底間に合いません。ゆえに，3月25日（月）に「学校経営方針作成業務のチェック」（＝蓋を開けて中身を見る）という To Do を課したわけです。

一方，同じく3月25日（月）に「課長業務引継ぎ書作成のチェック」とあり，翌3月26日（火）にその仕事が完了（㊞と打ち消し線で完了を意味する）していることがご覧いただけると思います。これは，未知の「課長業務引継ぎ書作成」という仕事の蓋を開けてみたら，それまで私が数年間かけて準備していた文書（例：課長業務年間スケジュール表など）で代替できるということが判明，新たに文書を作る必要がなくなり，1週間はかかると思っていた仕事がたった1日で終わってしまったことを表しています。このように，「どんな仕事だろう」「どれだけ時間がかかるだろう」と思っていた仕事の蓋を開けてみたら，一瞬で終わってしまうということもあります。そんな時はなんだか得したような気分にもなるものです（笑）。

いずれにせよ，仕事が入っている箱の蓋を一回開けて仕事の中身を確認することは，仕事を円滑かつ遺漏なく行う鉄則であり，より良いマネジメントの入口と言えるでしょう。

仕事を細分化し，内容と計画を可視化する

一筋縄ではいかない仕事を，行き当たりばったりで遂行することはできません。緻密なマネジメントが必要です…

一回蓋を開けて仕事の中身（全貌）を確認したら，いよいよその仕事を遂行するための計画を立てるわけですが，そのとりかかりにおいて，まずもって大切なこととは，

①仕事を細分化し，テーブルの上に並べる。

前項でご紹介した「学校経営方針作成業務」を例にとると，３月25日（月）に学校経営方針作成業務をチェックしてみたところ，（当然のことながら）単に自分の思いだけで作成するような代物ではなく，前任校長やその前の校長が作ったものの確認作業，本校の実態分析，米子市教育委員会発出の行政資料の確認などの仕事が必須事項として挙がりました。まずはそれらをテーブル（頭の中や実際の紙）の上に全て並べます。

その上で，

②仕事の内容と計画（スケジュール）を可視化する。

場合によっては仕事の内容をさらに細分化する必要があるかもしれませんが，いずれにせよ，それらの仕事の逼迫性や量，難易度，裁量権の有無などを勘案して優先順位を決めます。私が導き出した仕事の内容と優先順位は以下のようなものです。

❶Ｒ２～Ｒ５学校経営方針の確認
❷本校の児童の実態（データを含む）の確認

❸Ｒ６米子市学校教育推進の重点の確認
❹Ｒ６学校教育目標の策定
❺永久保存文書内の先輩校長の学校経営方針への目通し
❻Ｒ６学校経営方針の作成　…など

幸いにしてこの仕事は，裁量権のないものはなく，質・量ともに難しい仕事とはいえ，ほぼ全て自分の裁量で行えるものでした。私は，３月25日（月）時点で，ゴール（この仕事の場合４月２日（火）の職員会）から逆算して計画を立て，手帳に落として可視化したのです。その際，ギリギリ間に合えば良いスケジューリングではなく，寝かせて，ブラッシュアップする期間も担保しながら To Do リストを作成，その結果，第１回の職員会で，なんとか及第点の資料を提示することができました。

はっきり言って，とりかかりとしてはこれでも遅いくらいですが，これ以上早めることは人事異動のスケジュール上困難です。それぐらい新任・転任校長の年度末・始めのスケジュールはタイトです。しかし，その年度の学校経営の根本をなす一大作業です。タイトなスケジュールの中で確かな仕事を行わなければなりません。ゆえにマネジメントが欠かせないのです。

March 3月 2024 ○ R6学校教育目標の策定 ○ R6学校経営方針の作成 ○校長通信（学校経営方針・学年主任会）の作成 ㊞~~各種業務の蓋を可能な限り開けておく~~		28 木 Thursday ○○小引継ぎ会 9:00～ 組合教育委員会 15:15～ 教育委員会臨時会 15:30～	○ R6学校教育グランドデザインの作成 ○ **R6学校教育目標のブラッシュアップ** ○ **R6学校経営方針の作成** ○ PC の整理 ○簿冊などの荷物整理
25 月 Monday ~~○○小訪問~~ ~~9:00～~~ ~~○○中訪問~~ ~~13:00～~~ ~~○○ホーム訪問~~ ~~15:00～~~	㊞ ~~R6課の目標提出〆切~~ ㊞ ~~R6学校教育グランドデザイン作成のチェック~~ ㊞~~学校経営方針作成業務のチェック~~ ㊞~~課長業務引継ぎ書作成のチェック~~ ㊞ ~~R6簿冊背表紙の作成~~ ㊞~~事務の執行状況の点検・評価に道筋をつける~~	29 金 Friday 市長・副市長訪問 9:00頃～ 退職者辞令交付式 11:00～11:45 送別会18:00～	○ R6学校教育グランドデザインの完成 ○ **R6学校教育目標の完成** ○ **R6学校経営方針のブラッシュアップ** ○校長通信（学校経営方針・学年主任会）の作成・着手
26 火 Tuesday 議会10:30～ 議会第２会議室 ○○依頼 13:30～	○ R6学校教育グランドデザインの作成・着手 ○課長業務引継ぎ書作成 ○ **R2～R5学校経営方針の確認** ○**本校の児童の実態（データを含む）の確認** ○ **R6米子市学校教育推進の重点の確認** ○ **R6学校教育目標の策定・着手**	30 土 Saturday ○○セミナー 7:30～大山 AC	＜年度末業務 To Do リスト＞ ㊞~~学教だより～R6学校教育推進の重点～の作成~~ ㊞~~〃（別葉）の作成~~ ㊞ ~~R6課の目標の作成~~ ㊞ ~~R6指導主事役割分担表の作成~~ ○ R6学校教育グランドデザインの作成 ○ R6学校教育目標の策定 ○ R6学校経営方針の作成 ○学校教育課長の業務引継ぎ ○課長業務引継ぎ書の作成・提出 ㊞ ~~R6簿冊背表紙の作成~~ ○★★分校辞令書の作成・送付 ○ PC の整理 ○簿冊などの荷物整理 ㊞~~事務の執行状況の点検・評価に道筋をつける~~
27 水 Wednesday ○○検討会 9:00～ 課長引継ぎ 10:00～ ○○小訪問 13:30～	○ R6学校教育グランドデザインの作成 ○ **R6学校教育目標の策定** ○**永久保存文書内の先輩校長の学校経営方針への目通し** ○ **R6学校経営方針の作成・着手（全体構想）** ○★★分校辞令書の作成・送付	31 日 Sunday ○○セミナー 8:00～米子 GC	

45 まずは「着手」と手帳に記す

仕事を細分化し，計画を立てたものの，やっぱり先延ばし先延ばしにして，結局仕事が後手後手に回ってしまうことが多々あります…

一回蓋を開けて仕事の中身を確認しました。そして仕事を細分化して内容と計画を可視化しました。ここまでの作業でゴールまでの道筋の大方は見えているはずです。しかし，ここで最大の難関が待ち構えています。そう，懸案の「とりかかり（以下，着手)」です。一回蓋を開けて仕事の中身を確認すること自体「着手」とも言えますが，誰しも覚えがあるように，仕事の中身を確認してから着手までに時間が経過したり，その仕事が質的・量的に難事であったりすると，着手の原動力となるエネルギー（モチベーション）がリセットされてしまうのです。これがなかなかに厄介なのです。厄介であるがゆえに，様々な先達（せんだつ）がそのコツを説いています。

道場六三郎氏が**「僕はよく『小さな勇気』って言うんですけど，例えば洗い物でも特にいまの季節は水が冷たいし，洗うのが億劫になるじゃないですか。でも，ひとたび洗い出せば，なんてことはない。その洗い場に飛び込む最初の小さな勇気を心の中に起こせるかどうか」**と言えば，作家の宮本輝氏は，執筆中に行き詰まった時の対処法として**「無理矢理に，一行でも書く」**と言いました。さらに，堀裕嗣先生は**「実は仕事を終わらせるためのたった一つのコツは，『とにかく始めること』です。（中略）人間というものは不思議なもので，始めてしまえばその仕事を終わらせたくなるものです」**と述べています。

なるほど，さすがその道の超一流の含蓄のある言葉です。私もこうした考え方にどんなに助けられたか分かりません。しかし，それでもなかなか重たい腰が上がらない方には，まずは手帳の To Do リストに，「○○○○着手」と書いてみることをおすすめします。「着手」ですから，例えば一文字前年度の文書を読んだだけでも，或いは日付だけを当年バージョンに打ち替えた

April 4月 2024 ○各種業務の蓋を開ける ○各種口述の作成（着任式・始業式・１年生保護者へのあいさつ） ○入学式祝辞の作成		4 木 Thursday 学年会8:45～ 子どもを語る会 11:00～ 移行支援会議 ①13:00～ ②14:00～	○各種事務手続き・添付書類提出〆切り（事務） ○県校長会メール登録 ○年間予定・４月行事予定を転記 ○合同★★★会について○○校長に相談 ○旅行伺い簿入力・稟議・提出 ○★★印房に印章を取りに行く
1 月 Monday 辞令交付式 （12:30～受付） 13:00～米子 CC 〃　確認式 14:00～ふれ里	○ふれ里から帰着後○○会長に TEL ○校長引継ぎ事項の確認 ○各種業務の蓋を開ける（着任式・始業式・入学式・教職員名簿・教育長面談） ○ R6学校経営方針の完成 ○校長通信（学校経営方針・学年主任会）の完成	5 金 Friday ○○講習会 8:45～ ○○ SSWr 来校 9:30～	**○各種口述の作成（着任式・始業式・１年生保護者へのあいさつ）・着手** ○公民館長さんに TEL **○教職員名簿の作成・着手** **○校長年間業務一覧の作成・着手** ○校長通信（雨にもまけず）No.3の作成
2 火 Tuesday 職員会8:45～ 研究推進委員会 11:00～ 臨時校長会 15:00～○○小	○各種指導報告書の確認 ○計画訪問の指導案の確認 ○名刺注文（★★印房に TEL）	6 土 Saturday	○職員の電話番号の登録
3 水 Wednesday 職員会8:45～ 校内研11:00～	○各種メモ転記（校長会，教育長訓示，職員会） ○各種辞令書の伝達 **○校長通信（雨にもまけず）No.3の作成・着手** ○週案ノートの作成 ○市校長会メール登録 **○学年主任会での口述プロットの作成・着手** **○入学式祝辞の作成・着手**	7 日 Sunday ○○セミナー 9:30～米子 GC	○各種口述の完成（着任式・始業式・１年生保護者へのあいさつ） ○入学式祝辞の完成

だけでも「着手」です。堂々と To Do リストに完了の証である「㊞」の印を押せますし，力いっぱい打ち消し線も引けます。

こうした視点で，私の手帳をご覧いただくと，いかに私がこの「着手」を多用しているか，いかに私が心の弱い人間なのかがお分かりいただけると思います（笑）。しかし，心の弱い私にとって，この「気軽さ」が重要なのです。なにせ，一度（ひとたび）その仕事に手をつけた瞬間に，本当に不思議なのですが，世界が一気に開け，仕事の歯車が回り出すのですから…。「気軽さ」とは即（すなわ）ち，「着手」へのハードルを低くする最大の要素なのです。

作家の**大江健三郎**氏が，小説を書き続けるコツとして，**「とくに長編小説の場合，その日のうちに自分の小説の井戸を汲みつくすまで書くことはしない」「井戸の底に，わずかな光を照り返すほどの水を汲み残しておくこと。そうすれば，翌日，そこから自然に書き続けることができるはずだ」**と言ったそうです。作家ならではのコツですが，我々の仕事にも十分転用できそうな考え方，仕事術です。

手帳にまずは「着手」と記すこと。そしてその「着手」そのものにかかるエネルギー量（心的負担）さえできるだけ小さくすること。こうして踏み出す一歩こそが，後の大きな十歩を成し遂げる出発点となるのです。

他力本願を避ける

仕事を細分化し，計画を立てる際，優先順位を誤ってはいけません。特に外部との調整が必要な場合，一手の遅れが致命傷となりかねません…

本章「44　仕事を細分化し，内容と計画を可視化する」（P.104）において，「仕事の逼迫性や量，難易度，裁量権の有無などを勘案して優先順位を決めます」「幸いにしてこの仕事は，裁量権のないものはなく，質・量ともに難しい仕事とはいえ，ほぼ全て自分の裁量で行えるものでした」と述べました。この中の「裁量権」という要素が，仕事を進めていく上で重視すべきポイントです。要するに，細分化した数ある仕事の優先順位を決める際，自分の裁量で何とでもなる仕事よりも，他者の都合に依存する仕事を優先すべきであるということです。しかも，その他者が複数ある（いる）場合，遠いところから順に手をつけなければなりません。

例えば，学校の近くの陸上競技場を借りてマラソン大会を行う計画を立てるとして，学校の日程調整と陸上競技場の（借用の）押さえを，ほぼ同時進行で行なっていくにしても，最終的に依存するのは陸上競技場です。仮にその日に何かしらの学校行事が入っていたとしても，まだそれは変更の余地があるかもしれません。ところが，陸上競技場はそんなわけにはいきません。例えば既に予約している団体に，「この日にどうしてもマラソン大会を行いたいので譲っていただけませんか」などと言いようもないからです。つまり，学校の日程調整には裁量権があり，陸上競技場の押さえにはない…，必然的に依存度は後者の方が高くなり，これをないがしろにすると，計画を一から見直さざるを得ない事態に陥りかねないということです。

「実は仕事の主導権というものは，早く取り組んだ者ほど握れるものなのです。仕事というものは自分のペースでやれるのが最も機能的で効率的ですから」とは**堀裕嗣**先生の言葉ですが，仕事が他力本願になるか否かも，結局は自分自身のその仕事への着手の早さ次第であるというわけです。

<table>
<tr><td colspan="2">April 4月 2014
○鳥大医学部学生ボランティア関連業務・着手
○第１回学校図書館司書研修会の通知
○学校支援ボランティア事業承認通知書の作成・送付
○学級づくり研修の計画・着手</td><td>18 木 Thursday
生徒指導連絡会
15:00～会議室２</td><td>**○赤坂真二研修の日程調整**
○赤坂真二研修の会場押さえ

○県小体研指導案ひな型の完成・送信
○教材・授業開発 MM 原稿の推敲
○多賀一郎先生にご自宅の住所を伺う</td></tr>
<tr><td>15 月 Monday</td><td>○堀裕嗣先生に10/31（金）の講師打診
○外国語活動支援員関係書類〆切り（局）
○生徒指導推進協力員連絡協議会文書の作成
○学級づくり研修業務のチェック
・研修講師選定－課長・教育長協議－講師依頼
・日程調整・会場押さえ
・通知文発出・依頼文発出</td><td>19 金 Friday

学校教育課指導係
歓迎会
18:00～駅前</td><td>○学校支援ボランティア事業承認通知書の送付
○多賀一郎先生の紹介文の作成・稟議
○学教だより（学級づくりと織物モデル）の作成
○教材・授業開発 MM 原稿の送信
○多賀一郎先生へ依頼文の送付</td></tr>
<tr><td>16 火 Tuesday</td><td>**○研修講師（赤坂真二先生）について課長協議**
○研修講師（赤坂真二先生）について教育長協議

○県小体研指導案ひな型（単元観など）の作成
○学校支援ボランティア事業承認通知書の作成</td><td>20 土 Saturday
長男・次男参観日
13:20～</td><td>○学教だより（学級づくりと織物モデル）の作成</td></tr>
<tr><td>17 水 Wednesday
基礎体験活動
連絡協議会
15:45～会議室１</td><td>**○赤坂真二先生に研修講師打診**

○県小体研指導案ひな型（本時案）の作成
○教材・授業開発 MM 原稿の作成
○第１回学校図書館司書研修会の通知文の作成
○鳥大医学部学生ボランティア関連業務・着手</td><td>21 日 Sunday</td><td>○学教だより（学級づくりと織物モデル）の完成</td></tr>
</table>

上にお示ししたのは，2014年４月３週の私の手帳を再現したものです。指導主事１年目，学級づくり研修という仕事を初めて担当した私は，その仕事の蓋を開け，４月15日（月）に記載したように仕事の中身を細分化してみました。そして，何よりも優先すべきは，外部講師依頼であることを認識しました。ただし，この仕事は私の一存では決めることができません。課長や教育長の決裁をとること，講師との調整，日程や会場の調整など，他者に依存する要素が満載です。ゆえに，それらを全てリストアップし，講師選定（15日）→課長・教育長協議（16日）→講師打診（17日）→日程調整＆会場押さえ（18日）という具合に，遠いところから遠いところから順に一つひとつ仕事を詰めていったのです。なにせ依頼する相手が，多忙を極める赤坂真二先生ですから，半年以上先の研修を組むのに４月冒頭から動き出さねばとても間に合わないと思ったのです。余談ですが，10年ぶりに手帳を開くと，この週は，なんと赤坂真二先生・堀裕嗣先生・多賀一郎先生という日本屈指の講師陣と同時にやり取りしていました。マネジメントの重要性を示す，これ以上説得力のある材料があるでしょうか…（笑）。

いずれにせよ，他者に依存する仕事こそ早く着手し，他力本願を避けることが，期限までに質の高い仕事を完遂するための必須事項なのです。

状況によって計画を継続・修正する

計画は大切ですが，計画に縛られすぎてもいけません。臨機応変に，フレキシブルに対応するマネジメントが肝要です…

ここまで，「計画性」に焦点化して，私なりの仕事のマネジメント術をお伝えしてきました。その要諦は，まず蓋を開けて仕事の中身を見て，仕事を細分化して内容と計画を可視化する。その際，To Doリストに「着手」さえも単体として加えること，他力本願を避けるために遠いところから順にとりかかるといったことでした。これら全てを滞りなく行えば，拙い私でさえ，経験上ほぼ9割以上の仕事は順調に遂行できます。しかし，そうならないことも当然あります。例えば，急に不測の事態に伴う予定外の仕事が飛び込んできたり，或いは自分自身の体調を崩したり…。誰しも覚えがあることです。こうした時にこそ，予定した計画を継続するか，修正するか…，臨機応変に対応することが肝要です。

次頁にお示ししたのは，2020年2月～3月を跨ぐ私の手帳を再現したものです。2020年2月～3月と言えば…そうです，新型コロナウイルス対応でてんやわんやになった，あの時期です。本項でお伝えしたいことの具体例としては，これ以上の不測の事態はない極端な例とは思いましたが（苦笑），あえて取り上げてみたいと思います。

まず，お示ししている手帳は，3月8日（日）時点（つまりはその週の完了時点）であり，未決事項を「○」で，既決事項を「㊞と打ち消し線」で表しているものとご理解ください。

概略としては，前週の2月27日（木）に新型コロナウイルス感染症対策として，全国の学校に臨時休業が要請されたという不測の事態が入ってきたことを受けて，従前に予定していた個人的な仕事の優先度を下げて先送りし，新型コロナウイルス感染症対策に係る仕事（太字）の優先度を上げてTo Doリストに追加しているということです。しかも，前代未聞の難局を乗り

March 3月 2020 ㊞~~県教委最終〇〇の準備~~ ㊞~~新型コロナウイルス対応（To do リスト）~~ ・~~学校向け文書~~　・~~保護者向け文書~~ ・報道対応　・臨時学童対応　・想定Q＆A ・卒業式対応　・修了式対応		5 木 Thursday 県教委係長来庁 10:00～ 〇〇委員代表者会 13:30～ふれ里	〇教育委員会議案の口述書作成・着手 ㊞~~事務手続き（R2年度改訂版）作成~~・着手 ㊞~~新型コロナウイルス対応~~ ・~~臨時学童対応（こども〇〇課と協議）~~ ・~~卒業式・修了式対応について協議~~
2 月 Monday 議会代表質問① （公明党）	〇県教委最終〇〇の準備 〇事務手続き（R2年度改訂版）の作成 〇学校の留守番電話のスケジュール作成 ㊞~~新型コロナウイルス対応~~ ・~~学校向け文書の完成・稟議・発出~~ ・~~保護者向け文書の完成・稟議・発出~~	6 金 Friday 議会代表質問④ （共産党）	㊞~~県教委最終〇〇の準備（最終確認）~~ ㊞~~学校の留守番電話のスケジュール作成~~ 〇 GIGA スクール構想新規企画構想の作成・着手 ㊞~~新型コロナウイルス対応~~ ・~~臨時学童対応（小学校長会長と協議）~~ ・~~卒業式・修了式対応（文書作成・着手）~~
3 火 Tuesday 小学校長会 8:45～会議室 4 議会代表質問② （よなご未来）	㊞~~学校の留守番電話のスケジュール構想~~ ㊞~~新型コロナウイルス対応~~ ・~~報道対応・着手~~ ・~~臨時学童対応構想・着手~~	7 土 Saturday 県教委最終〇〇 13:00～鳥取	㊞~~教育委員会議案の口述書作成・着手~~ ㊞~~学教だより（学校教育推進の重点）の作成~~
4 水 Wednesday 中学校長会 8:45～会議室 1 議会代表質問③ （信風）	㊞~~県教委最終〇〇の準備~~ 〇学教だより（学校教育推進の重点）の作成 ㊞~~新型コロナウイルス対応~~ ・~~想定Q＆Aの作成・着手~~ ・~~報道対応マニュアルの作成~~ ・~~卒業式・修了式対応の構想~~	8 日 Sunday 市町村〇〇 12:00～鳥取	㊞~~教育委員会議案の口述書作成~~ ㊞ ~~GIGA スクール構想新規企画構想の作成・着手~~

越えるために，一つひとつの仕事をゴール（期限）から逆算し，例えば「構想」「協議」「着手」「作成」「完成」「稟議」「発出」といった具合に，普段より目盛りを小さくして仕事を細分化し，To Do リストを組んでいるのがお分かりいただけると思います。

ポイントは，「優先度を下げて先送りすること」と「優先度を上げて追加，或いは前倒しすること」，また，従前に予定していた個人的な仕事の中で，「構想」や「着手」の類（たぐい），要するに時間的にも労力的にもさほどエネルギーを消費しない仕事については，できるだけ予定通り継続するといったことでしょうか。

イギリスを代表する作家であるアーノルド・ベネット氏は，その著書『自分の時間』（三笠書房）の中で，**「計画に引きずりまわされてはならない。計画したことは尊重しなければならないが，盲目的にあがめたてまつるようなものではない。日々の行動計画は信仰の対象ではないのだ」**と言いました。

ただし，状況によって計画を継続・修正するとともに，こうした臨機応変な対応を可能にするためは，例えば常に仕事の期限から２～３日余して完結しておくなど，不測の事態にも耐え得る日常的なマネジメントが欠かせないということも，しっかりと肝に銘じておきたいものです。

仕事量 ＝100点を取る＜ミスを取り戻す

早さと効率性のみを優先して行なった仕事は，結局は「やり直し」というしっぺ返しを食らうことになります…

仕事を早く，効率よく処理していくことは大切です。しかし，そのことを意識するあまり，例えば正確性であるとか，妥当性であるとか，説得力であるとか，要するにその「質」が伴っていなければ本末転倒です。まして，早く作って提出した文書に間違いが見つかった時は，結局その仕事を「一から」と言わないまでも，行程においてはおそらく半分以上のやり直しを強いられます。

「一生懸命に努力して，せっかく99パーセントまでの成果を上げても，残りのわずか１パーセントの『とどめ』がしっかりと刺されていなかったら，それは結局はじめからやらなかったと同じことになる。いや中途半端にやっただけ，むしろマイナスになる場合が多いのではあるまいか」とは，松下幸之助氏の言葉ですが，私は，教育委員会時代にこのことを嫌というほど思い知らされました。

例えば，何かの行政文書を作成して学校に送付する仕事に，①文書作成→②推敲・チェック→③印刷→④丁合→⑤発出（送付）という行程があったとして，発出した後に学校からその文書の間違いを指摘されたとします。こんな時，「それは間違いでした」と一言学校に連絡すれば良いというものではありません。❶文書訂正→❷推敲・チェック→❸印刷→❹丁合→❺発出（送付）という具合に，文書を一から作ること以外は，ほぼ同じ行程を辿るほぼ同じ量の仕事…，つまり，ほぼ２倍の仕事を強いられることになるわけです。

これをもし，最初の②推敲・チェックの段階で，早さや効率を度外視して，十重二十重（とえはたえ）に推敲・チェックしていたとしたら…，こんなことにはならないのです。まさに「（１回で）100点を取る仕事量（エネルギー）」＜「ミスを取り戻す仕事量（エネルギー）」です。こういうことを嫌というほど経験し

た私は，例えば文書を作成した後，PC 画面で数回チェック→印刷された文書をコピー機の前で立ち止まってチェック→歩きながら再度チェック→自分の机に戻ってさらにチェックしたものです。余談ですが，人間が紙の文字を読む場合，脳生理学的・心理的に分析モードや批判モードになり，他方ディスプレイで読む場合，パターン認識モードやくつろぎモードになるため，結果，紙の文字を読む方がミスを見つけやすいそうです。だとすれば，文書の正確性や妥当性を担保するには，紙媒体でのチェックが欠かせないということになります。電子決裁が主流となりつつある現代社会に逆行するようですが…（苦笑）。

さて，ご紹介した事例は，「絶対にミスの許されない」「減点法（≠加点法）」の教育行政業務の事例にて，少し極端に思われるかもしれません。しかし，学校現場であっても，規模や逼迫度の違いこそあれ，同じ原理・原則が適用できると思っています。**「99点は０点と同じ」**とは，米子市教育委員会・**浦林実**教育長の口癖です。学校現場においても，まさにたった１点…ほんの僅かなミスの積み重ねによって，結局はただでさえ少ない放課後の時間が圧迫されていくのではないでしょうか。効率化・省力化すべき所と，ここぞという所（＝勝負所）でのエネルギー消費を上手に使い分ける仕事術を，是非とも身に付けたいものです。

自分を信じるか，信じないか…

仕事を進める上で，自分を信じすぎたり，安易に他人を信じたりすることは，思わぬミスを誘発します…

言うまでもなく，仕事を早く効率よく行うために，「ミスを減らす」ことは永遠のテーマです。ただ，AI（人工知能）ではなく人間が行う作業ですから，ミスはどうしても起こります。しかし，「どうしても起こるもの」と開き直ってしまっては本末転倒…。「早さ」も「効率化」もスポイルされ，働き方改革など夢のまた夢です。

例えば文書作成において，こうした「ミスを減らす」ための勘所とはいかなるものでしょうか。私は，数ある勘所の中で，例えば次のようなことが大切であると考えています。

①自分を信じ（すぎ）ない。

まずもって，自分が作った文書について，「どこか必ず誤字・脱字があるだろう」と疑ってかかることです。疑ってかかるからこそ，前項「48　仕事量＝100点を取る＜ミスを取り戻す」（P.112）でご紹介したように，作成した文書を，「PC 画面で数回チェック→印刷された文書をコピー機の前で立ち止まってチェック→歩きながら再度チェック→自分の机に戻ってさらにチェック」するのです。本当に不思議ですが，何回もチェックしたはずなのに，チェックするたびに何かしらのミスが見つかります。もう嫌になるくらいです（苦笑）。しかし，1回で100点を取ろうと思うなら，これぐらいのメタ認知と徹底してチェックする覚悟が必要です。ところが，ミスをしたまま文書を提出する人に限って，作成時点で「完璧だ。間違いなどあろうはずがない」と思いがちです。そうではなく，「どこかに必ず間違いがあるはずだ」と自分を信じ（すぎ）ないメンタリティこそが，石橋を叩く慎重さの原動力

となり，ミスの発見→正確無比な文書の作成につながるのです。

②信じるのは自分のみ。

他方，やはり自分だけを信じなければならない（他人を信じてはいけない）場面もあります。例えば，他人が作った前年度の文書を踏襲して作成する際，基本的には日付を変えたり，担当者名を変えたりするだけで良いと思う節が誰しもあります。そして，上司からその間違いを指摘された際，「いや，前年度の文書がこうでしたから」と言い訳をしてしまいがちになります。しかし，これはプロのする仕事とは言えません。いかに前年踏襲の文書であろうと，１から10まで文書の隅々まで確認・推敲し，誤りや適切でない箇所などが見つかればきちんと訂正することが大切です。そうした行為こそが文書作成者の責任であり，結果，仕事の効率化・時短にもつながる要素であると思うのです。

自分を信じ（すぎ）ないことと自分のみを信じること…，これら一見相反することを状況に応じて使い分けることこそが，仕事の途中で余計な寄り道や後戻りを強いられることなく，その仕事を正確かつ適切に遂行する勘所であるのです。

アウトプットが良質なインプットを導く

自分の日常生活をアウトプット型にすること，これが毎日の仕事を充実させるための最良の方法です…

ここまで，教師の「仕事術」を育てることをテーマに，拙いながらも私の経験則に基づいた管見を述べてきました。その全てが必要不可欠と自負する要素であり，一人でも多くの方の参考になればと思う反面，どちらかと言えば減点法的な，失点しないための，肩の凝る，気詰まりなニュアンスでお伝えしたのではないかと自省しつつ，最後ぐらいは夢のある，教師の醍醐味とも言うべき仕事術をご提案して，本章を締めたいと思います。

さて，本書において既に幾度となくご登場いただいており，改めてご紹介するまでもないですが，北海道の中学校教師である**堀裕嗣**先生は，その著書『教師の仕事術10の原理・100の原則』（明治図書）の中で，**「自分の日常を発信型にすること―これが毎日の仕事を充実させるための最良の方法です。自分の生活を発信型にすると必然的に受信も充実していきます」**とおっしゃっています。

例えば私は，次頁にお示ししているような，子どもや保護者向けの「校長室だより」を，ほぼ月１ペースで発行しています。本当は学級担任時代のように，もっと多くの号数を発行したいのですが，「あまり校長が目立ってはいけない」との思いから，遠慮がちに発行しています（苦笑）。その代わりに，第４章「39　最悪の事態を想起させる」（P.92）などでご紹介したような職員向けの「校長通信」を，不定期に年間50号ペースで発行しています。

学校経営上の全ての裁量権を持つ校長ですから，積極的にここまでする必要はないかもしれません。（あってほしくないですが，）こちらの意がうまく伝わらず，あらぬ誤解を招いて苦情をいただくことだってあるかもしれません。しかし，そうしたリスクを承知で，あえてアウトプット型の生活に自分の身を置いているわけです。

校長室だより　凧凧あがれ　No.9

米子市立福生東小学校

令和６年10月18日（金）

♬すべての子どもが，伸びて輝く学校 ～元気いっぱい，力いっぱい，笑顔いっぱい～♪

校庭の入口の金木犀が，秋の香りを運んできてくれました。「スポーツの秋」「食欲の秋」「学問の秋」「芸術の秋」…。この機を逃さず，しっかりと子どもたちを伸ばしていきたいと思います。

唇に「ラ」の音を…
～いよいよ充実の秋を迎えます～

金木犀が香る秋のある朝，企画委員会の５・６年生の子どもたちが，いつものように朝のあいさつ運動を行っていたときの一コマです。

「おはようございます。」（５年生）
「さすが『あいさつ隊』，いいあいさつですね。」（私）
「（さらに大きな声で）おはようございます。」（５年生）
「素晴らしい。ただ，今のは『ミ』の音でした。思い切って『ラ』まで上げると，さらにいいあいさつになりますよ。」（私…ちなみに絶対音感などありません。）
「（ちょっと高い音で）おはようございます。」（５年生）
「いいですねえ。『ソ』まで上がりました。」（私）
「（『ラ』の音で）おはようございます。」（５年生）
「とっても爽やかなあいさつになりましたね。」（私）

委員会の子どもたちの活躍もあって，全校の子どもたちのあいさつが，あかるく，いつでも，さきに，つづけて一言の素敵なあいさつになってきました。こんなに嬉しいことはありません。きっとご家庭でも声をかけていただいているのではないかと想像します。ありがとうございます。こうなると，さらに子どもたちを伸ばしたいと思ってしまうのが教師の性です。

話は変わりますが，オーケストラが演奏前に音合わせ（チューニング）をするときの基準音は何だと思われますか。正解は…「ラ」。ハーモニーを奏でる（＝調和を図る）きっかけの音は「ラ」なのだそうです。このことに関連して，面白いTipsがあったのでご紹介します。

> 「こんにちは」と挨拶するとき，「いかがでしょうか？」と患者さんに話しかけるとき，私はいつも明るい声で，ドレミファソラシドの「ラ」の音を意識して話すようにしています。
> ～『100歳の金言』（日野原重明著／ダイヤモンド社）より～

要するに，人と人との心を通わせる秘訣も「ラ」の音にある…ということでしょうか。音楽に疎い私にはよくわからないのですが，確かに低めの声であいさつされるよりも，爽やかな明るい声であいさつされるほうが断然よいということはわかります。気持ちも明るくなるので会話も弾みますよね。…そう言えば，メロディーを口ずさむ時も「ラ」が多いですね。「ラララ～♪」と…。

もしかしたら，人間関係を紡いだり，調和を図ったり，前向きに生きたりする鍵は，この「ラ」の音が握っているのかもしれません。だとすれば，子どもたちには，あいさつに端を発する人間関係を紡ぐときはもちろん，生活の様々な場面で，唇に「ラ」の音をもってほしいと思います。

さて，来る11月９日（土）は学習発表会です。子どもたちの「ラ」の声が，体育館中に響き渡ることを楽しみにしていただきつつ，引き続きご家庭での後押しのほど，よろしくお願いいたします。

その理由は簡単です。一つは本校の子どもたちや職員を伸ばしたいため，今一つは，「子どもや職員を見る目」だとか，「行動の背景を認識する心」だとか，「何気ない日常の中の価値をキャッチする力」だとか，要するに自分（校長）自身の教師力を高めたいと思うからです。

いずれにせよ，こうしたアウトプットは，良質なインプットを呼び込みます。まず，アウトプットするには，前述したようなリスクもある中で，確かな教育観や見取り，価値づけ，さらに言えば裏づけなどが欠かせません。つまり，アウトプットを前提としたインプットの作業が必須条件となります。当然，いつも以上にアンテナを高くして目を凝らします。何気なく生活していては意識しないようなことも意識し始めるようになります。そして，アウトプットした後は，子どもや保護者，職員のレスポンスや行動変化，或いは心的変化に着目するようになります。

このように，積極的なアウトプット型の意識が，その前後の良質なインプットを呼び込むのです。そして，こうした意識が行動さえも変えていきます。例えば子どもが今何をしているか，昨日と比べてどんな変化があるか気になり始めます。例えばそうした気づきを手帳にメモするようになります。例えばうまくいった，或いはいかなかった指導（言葉がけ）を内省し，１ペーパーにまとめるようになります。実はこうした営みは，教師としての力量を高めることにとどまらず，教師の仕事術そのものも昇華させるのです。子どもを知ること，指導力や教師力を高めることは，結果的に仕事の質的向上（効率化・省力化など）につながっていくはずだからです。

こうして過ごす毎日は充実そのもの，教師という職業の醍醐味や楽しさを存分に味わうことができます。これ以上の仕事術はないと思うのですが，いかがでしょうか。

第6章

次世代リーダーの「組織運営力」を高める

次世代リーダーの成長は，学校の組織力を向上させるために必要不可欠な要素です。こうした次世代リーダーの「組織運営力」を高め，さらなる成長に導くための働きかけとは，いかなるものか…

51 リーダーが余ると，次のことができる

リーダーが最前線に出てしまうと，既定の対応で終わってしまいます。「次のこと」に，頭も体も向きません…

とかく，団塊の世代の大量退職は若手の大量採用に紐づけされ，「人材難」と言えばどうしても「若い人材の不足」ととらえられがちです。しかし，次世代リーダー（管理職，次期管理職，○○主任など）の人材難についても大きな問題です。まさしく私のような若輩が校長になることが，事態の深刻さを如実に表していると言えます。ゆえに，こうした次世代リーダーを育てることも，待ったなしの喫緊の課題です。本書を締めくくる本章においては，こうした次世代リーダーのあるべき姿や組織運営における勘所らしきものを述べていきたいと思います。

さて，**「校長は一日のうち，１～２時間を余らせておくことが大事」「上司が一人余ると，次のことができるようになる」**とは，米子市教育委員会・浦林実教育長の教えです。第１章「４　自分がやって100点＜部下に任せて70点」（P.16）などで述べているとおり，校長が組織の先頭に立ってあくせく動きすぎることは，危機管理上においても，施策推進上においても好ましくありません。**「私が見ていて，このやり方ではまず失敗するのではないかと思うのは，各担当コーチに任せられない監督，つまり各部署の責任者に任せられない上司だ。すべて自分でやらなければ気が済まないとか，自分の部下を信頼できない上司はたいがい失敗している」**とは，落合博満氏の言葉ですが，校長は前面に出ず，任せるべきを職員に任せて，その様子（進捗）を把握しつつ次の策を練る，或いは危機管理であれば次の一手を考える。つまり，一日のうちに１～２時間余らせておくということは，リーダーが戦略を構想するための時間をしっかり担保するということなのです。

さて，こうした組織運営は，何も校長に限ったことではありません。無論，次世代リーダーに校長と同じくらいの時間を余らせておくなどということは

不可能ですが，考え方自体は同じです。

例えば，第２章「16　校長は“徳川家康”，先陣を切らない」（P.42）でも述べましたが，保護者からの訴え（生徒指導上のクレーム）があり，担任一人では対処できない場合，いきなり教頭が出るようなことはあってはなりません。まずは学年主任，学年主任が乗り越えられたら生徒指導主任といった具合に，（上層の）人員をできるだけ余しておくと，その間に善後策（次のこと）を練ることができます。

ポジティブに事を前に進める際の組織運営も同様です。例えば，学校経営上の一手を打って施策を前に進めたい場合，一枚物のポンチ絵であるとか，企画立案であるとか，果ては保護者向けの文書作成に至るまで，全てを主任が行なっていては，どうしてもその仕事を完結させること自体に全エネルギーを注ぐことになり，構想過程で表出するであろう付加価値や新しいアイデアが出てくる余地が少なくなってしまいます。こうした業務（の一部）は人材育成も兼ねて副主任に任せ，主任は管理職とさらに構想を練ったり，施策推進上の課題を先回りして検討したりするのです。

このように，リーダーを余らせるということは，危機管理や施策推進，或いは人材育成に至るまで，次のことに注力するエネルギーを生み出すとともに，組織を強くすることにもなるのです。

学年主任一人の100点＜学年平均80点

学年主任は，同学年の全ての学級を伸ばす任を負っています。まさか自分の学級のみに注力し，後は各担任に任せきりになっていませんか…

学校全体の組織強靭化を実現するためには，まずもって教頭，教務主任，学年主任，研究主任，生徒指導主任，事務職員などを学校経営に参画させる中で，組織運営の視点で次世代リーダーをいかに成長させるかが鍵となります。しかし，これまで，例えば学年主任の若年化が進む中，自分の学級だけで手一杯で，同学年の他の学級（先生）にまで目を配っていない学年主任を何度か目にしました。中には，「自分の学級は大丈夫なんだけどな」と，学年主任としての責任の自覚すらできていない者もいたようないなかったような…（苦笑）。

こんなことでは，円滑な学校経営などできようはずもありません。学校全体で見れば，学級崩壊が一学級でも起きれば，その他全ての学級が安定していたとしても「学校の危機（クライシス）」となるからです。教育委員会時代，いやもっと前の教諭時代から，こうした状況を山ほど見てきました。よって，年度当初の学年主任会にて，次のようなことを学年主任に訓示します。

（前略）

❶学年の全ての子どもを伸ばして，輝かせてください。

❷（❶のために）全ての先生方を伸ばして，輝かせてください。

⑴（❷のために）学年主任自ら100点（早さ・質・量）を示範してください。

⑵（❷のために）個々の先生方の80点を受容してください。（人材が育ち，組織が強くなります。）

⑶（ただし，その際）「指導と評価の一体化」が必要です。

・診断的評価に基づいて，★ほぼ伴走支援 ＞ ★スモールステップで

随時支援 ＞ ★始動時に伴走支援 ＞ ★６割提案 ＞ ★全て任せる
（＞は学年主任の先生による指導・支援の量を表す。）
・形成的評価〜総括的評価の場面で，必ず評価（できた点への肯定的評価と，足りない点への指導・支援をセットで）を。

❸学年経営は，「平均点」が問われます。
・（100点＋40点）÷２＝70点 ＜（90点＋70点）÷２＝80点
（「学年主任の先生の学級は良いんだけど…」ではいけません。）

（後略）

要するに，「学年主任は90点でいいですよ」「その分のエネルギーを学年団の先生の育成や学級経営の支援に注いでほしい」と言っているわけです。しかし，学年主任が率先垂範したり，手本を示したり，指導・支援を行なったりする過程において，案外こちらの方が学年主任自身の学級も安定することを私は経験則から知っています。プライドがくすぐられるのかもしれません。日々の仕事をとおして，他者（学年団の先生方）の喜びの中に自己（学年主任）の喜びを見出しているのかもしれません。しかし，こうした「誇り」なり「利他」の意識こそが，管理職を含めた次世代リーダーの成長に必要不可欠な要素なのです。

組織的対応とはいかなるものかを共有する

一口に「組織的」と言っても，その理解や対応は曖昧であることが多いです。この「曖昧さ」が，組織的対応の足枷になります…

次世代リーダーの「組織運営力」を高めるための勘所らしきものを述べている本章ですが，そもそも「組織的運営」であるとか「組織的対応」とはいかなるものなのでしょうか。実は，この「組織的」という言葉は，良く言えば便利で使い勝手の良い，悪く言えば抽象的で曖昧な言葉であると言えます。

試しにインターネットで「組織的対応」で検索をかけると，ヒットするのは「組織的ないじめ対応」「組織的な不登校対応」といった生徒指導に関わることであり，その中身は分かったような分からないような内容であることが多いです。また，学校自体の取組のことを「組織的」と表す時もあれば，関係機関との連携を表す時も「組織的」です。そんな感じですから，同じ学校であるのにもかかわらず，ある前任校長が「うちの学校は組織的対応ができている」と言えば，その学校を引き継いだ後任の校長は「うちの学校は組織的対応ができていない」と言うこともありました（苦笑）。

こうしたことから，私は新任校長として学校に赴任して以来，この抽象的で曖昧な「組織的」という概念を定義し，まずは職員全体で共通理解を図ることが必要であると考えてきました。そのことが，例えば学年主任や生徒指導主任の成長の一助となり，以(もっ)て組織運営力が高まるのではないかと考えたわけです。

次頁にお示しした校長通信は，こうした目的から，あくまで一般的な対応例として職員に提示したものです。ご覧いただくと分かりますが，取り上げている事例は，インターネットで検索すると真っ先にヒットする「生徒指導問題対応」です。まずは最も分かりやすいであろうテーマを取り上げ，職員で共通理解を図ろうとするものです。

この先，生徒指導問題に限らず，組織的対応を必要とする様々な事案に出

No.16

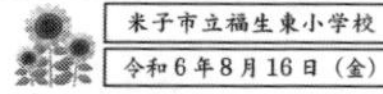

米子市立福生東小学校
令和６年８月16日（金）

♬すべての子どもが，伸びて輝く学校 〜元気いっぱい，力いっぱい，笑顔いっぱい〜♪

(学級・学年を跨ぐ) 生徒指導問題対応の要諦

学級・学年を跨ぐ生徒指導事案においては，学級単体で起こった場合と異なり，以下に示した原理（あくまで例）に基づく，組織的な対応が不可欠です。しかし，一口に「組織的」と言ってもその理解は曖昧であり，この曖昧さこそが対応を誤らせるのです。必ず訪れるその時に備えて，共通理解しておきたいと思います。

①正確性の原理　②可視化の原理
③即時性の原理　④同時性の原理
⑤スモールステップの原理　⑥統一性の原理　…etc

①正確性の原理

まずは事案の詳細について，正確に把握しなければなりません。そのためには，各々の先生方が児童などから聞き取った情報をもとに，（不十分なところや辻褄が合わないところは再度の聞き取りを行い，）情報を整理・確定します。（情報が曖昧なままの対応は厳禁です。）

②可視化の原理

とは言え，こうした学級・学年を跨ぐ事案は，人間関係が非常に複雑で，文字言語だけでは把握できません。例えば，人間関係や事案がひと目で分かるように図で表して可視化すると，事案の概要が把握しやすくなります。

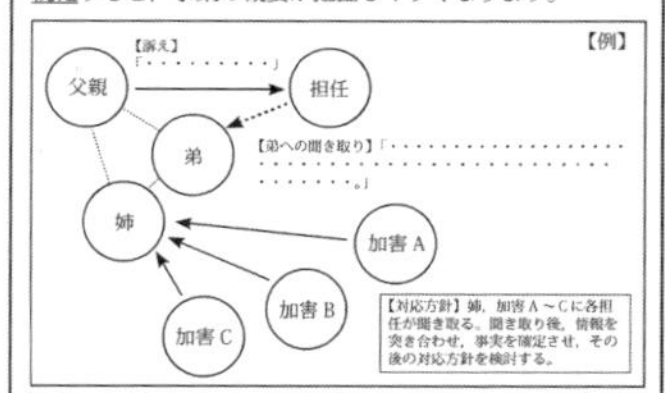

③即時性の原理

対応方針（この場合は聞き取り）が決まったら，時間をおいてはいけません。児童の記憶が曖昧になったり，（あってほしくないですが）複数いる加害側の児童に口裏を合わせる時間を与えたりすることになります。できれば即日中に，遅くとも翌日には必ず聞き取りを行って事実関係を把握する必要があります。

④同時性の原理

特に最初の聞き取りは，❶個別に，❷同時に行うことが必要です。一つの部屋で一斉に聞くと，同調圧力などに負けて，正直に事実を言わなくなる恐れがあるからです。ただ，個別に聞くと必ずと言っていいほど事実の齟齬が生じます。逆にこれがチャンスで，この齟齬を解きほぐす中で，事実が見えてきます。

⑤スモールステップの原理

問題の解決までにいくつかの手順を踏まなければならない場合，一気に対応するのではなく，手順を小分けにして，「まずはここまで聞き取って情報を共有しよう」「その後の対応方針はこうだけど，聞き取りによって齟齬が生じたり新たな事実が判明したりしたら，情報を再度共有して対応方針を修正しよう」といった具合にスモールステップで対応します。

⑥統一性の原理

例えば保護者に連絡する際，各担任の言葉やニュアンスまでも揃えておかないと，二次的・三次的なトラブルや不信感につながりかねません。以下のような口述書を作成し，これをもとに話すと良いでしょう。

既にお子さんから聞いておられるかもしれませんが，今日は〇〇さんと同じ・・・の☆☆さんたちとのトラブルの件でご報告のお電話をさせていただきました。

実は，〇年生の〇〇さんの保護者の方から，・・・・・・という相談がありまして，関係のお子さんに聞き取りをしたところ，お姉さんの●●さんと，〇年生・〇年生・〇年生の数名とトラブルがあり，それを見ていた弟の〇〇さんが不安を感じているということがわかりました。なかなか学校でもうまく解決できず，ご心配をおかけして申し訳なく思っていますが，情報を整理したところ，

❶お姉さんの●●さんと，〇年生・〇年生・〇年生の数名が，・・でトラブルになっていたようです。

❷こうしたことをきっかけとして，・・・・・・・・・・・・・・・・・・・・・・・・・・・・・・・・・・・・・などをめぐって，あまり関係が良くなかったようです。

このことを受けまして，昨日，関係の子どもたちを昼休憩に集めてお互いの思いを伝え合い，行き過ぎた点などについて指導したところです。周りの子たちも心から●●さんに謝りました。ひとまず互いに納得し，弟の〇〇さんも安心したようです。

（中略）

…という報告です。ただ，子どものことですし，（あってはならないことは言え）今後また同じようなことがあるかもしれません。保護者の方（何より本人さん）に大変ご心配をおかけして申し訳ありませんが，何かありましたら遠慮なく学校にお知らせください。学校としても引き続き指導していきたいと思います。ご心配をおかけして申し訳ありません。どうぞよろしくお願いいたします。

合うことでしょう。できることならそういった一つ一つの事案に対する組織的対応を整理し，職員と共有することで，理解と対応を確かなものにしていきたいと考えています。その職員の中から，次世代リーダーとして組織運営に長けた者が育っていくことを願ってやみません。

8割を教務主任，2割を教頭で指導する

次世代リーダーによる職員への指導は，職員のみならず，自身の成長に，そして組織運営力の向上につながります…

言うまでもなく，学校の組織運営力を高めるためには，①個々の人材を成長させることと，②個々の人材の集合体である組織を強くすることが欠かせません。兵庫教育大学特任教授（環太平洋大学教授）の浅野良一氏は，教員が育つ要因の一つとして「管理職・先輩」を挙げ，(1)コーチング，(2)存在そのもの（モデリング），(3)メンタリング（支援的助言）を具体的要素として挙げています。つまり，教員という職業が，いかに「仕事そのものが教材」で，経験することによって成長し得る特性を持つとはいえ，そこにはやはり人的な働きかけが不可欠であるということです。とりわけ管理職や先輩（次世代リーダー）の良質な働きかけは必須条件です。

しかし，本章「51　リーダーが余ると，次のことができる」（P.120）で述べたように，「人材育成」という御旗を掲げ，いきなり校長が最前線に出て職員を直接指導するなどということは好ましいことではありません。そんなことをすれば，今度は多くの職員を指導することで自身も成長する次世代リーダーの成長の機会を奪ってしまうからです。教頭が出れば教務主任以下の成長の機会を，教務主任が出れば各主任のそれを奪ってしまうことになります。つまり，ここでもできるだけ（上層の）人員を余しておくことが，組織運営力を高めるポイントとなります。とはいえ，実際には教務主任あたりが最前線に出て，プレイングマネージャーとして縦横無尽に動き回るというのが現実的でしょう。

私は，こうした観点から，例えば学級経営上で少し物足りなく感じている事項や生徒指導上で緩んできた事項などを，次頁に掲載したような（教務主任が作成する）週案によって，職員を啓発してはどうかと考えています。

おそらくこの週案を見た職員の８割は，「なるほどそういう指導方法があ

24（水）	○終業式［全校11:40下校］ ○連絡会12:00 □時数・出席簿，動静表，会計処理提出	■健康診断15:00/△△，▲▲，■■
25（木）	○夏季休業日～8/29（木） ■手話学習打ち合せ10:30/◎◎，▽▽ ■支援会議16:00（校長室）	■学校司書研修会13:30市立図書館／▼▼ ■音楽会役員打ち合わせ会13:30/△△ ■共同学校事務室作業部会14:30/☆☆
26（金）	○校内研「教研式知能検査の活用について」9:00 ○備品点検 □教育反省フォーム入力 □個別の指導計画提出	■プログラミング教育研修13:15教セ／●● ■中学校区管理職研修会19:00/校長・教頭 □県道徳部会夏季研修会参加申込み／◎◎
27（土）		
28（日）		○校区グラウンドゴルフ大会（グラウンド使用）
Weekly Point	①課題であった「授業中の児童の座り方」が良くなってきました。「（スポーツ選手などを例に）良いパフォーマンスは良いフォームから」「賢くなるには良い姿勢から」といった言葉がけが効果的です。 ②重たいランドセルを持って下校する児童の話題が出ています。学習用具は，日を分けて計画的に持ち帰らせるようにしてください。（学年で揃えるとよいですね。） ③全校で集まる時の児童の様子が良くなってきました。終業式で具体的に達成したいこととして， ・６年生を基準にして自分たちできちんと整列できる。　・校長先生の目を見て話が聞ける。 ・全員の左胸に名札がついている。　・大きな「ラ」の音で返事ができる。 ※「ラ」の音に係る児童とのやり取り（指導）は，児童も教師もとても楽しく，知らず知らずのうちに成果がすぐに表れます。お試しください。	

るのか」などと気づき，自身の指導に取り入れるでしょう。つまり，教務主任の指導によって８割の職員が成長することになるのです。しかし，まだ10割ではありません。残りの２割の職員を指導するのは，満を持して登場する教頭です。個別に声をかけるも良し，全体の場で全員に話すようなふりをしてピンポイントで気づかせるように指導するも良し，その辺りは教頭が得意とする手法を使えばよいでしょう。仮に改善が見られなくても，別の方法を考える過程が大切です。こうした試行錯誤自体も，部下を育成する教頭自身の人材育成につながるのですから。それでもこぼれ落ちる職員がいた時は…，その時こそ校長が出れば良いのです。

いかがでしょうか。校長がいきなり出て“鶴の一声”で指導することとの違いがお分かりいただけますでしょうか。校長がいきなり出るのと比べ，組織的であり，かつ次世代リーダーの人材育成にも資するのです。こうした考え方やシステムを学校運営の随所に取り入れるとどうなるか…。コーチング，存在そのもの（モデリング），メンタリング（支援的助言）に長けた管理職・先輩によって個々の職員の成長が図られるだけでなく，次世代リーダーの成長とともに組織の成長が図られ，学校の組織運営力は格段に上がっていくのではないでしょうか。こうしたシステムを意図して構築することも，学校のリーダーたる校長の役割なのです。

55 指導するのは教頭，褒めるのは校長

校長と教頭の役割分担は，子育てにおける父母の役割分担と同じくらい重要です。ここを誤ると，職員がすくすくと育ちません…

第２章「12　校長はいつも上機嫌でいること」（P.34）で，リーダーが上機嫌でいることの大切さを述べました。学校のリーダーたる校長は，眉間のしわを伸ばし，口角を上げ，いつも笑顔でいることを肝に銘じなければなりません。しかしよく考えてみると，このようなことを様々な先達（せんだつ）が説いているということ自体，裏を返せば，校長はそうは上機嫌でいられないということを意味しています。それだけ学校で日々起こることはそう簡単ではない…。特に職員への指導については，彼ら彼女らの成長のためには避けて通れない必須事項です。

しかし，言うまでもなく校長は対外的な用務が多く，執務場所も校長室という個室です。学校業務の主対象である子どもたちや，その指導に直接携わっている職員たちと接する時間は十分ではありません。また，職員は服務を監督する立場にある校長と一定の距離を置いているはずです。そんな校長が，職員に対していきなり鼻息荒く指導に当たることは，必ずしも得策とは言えません。

その間隙を埋める存在こそが教頭です。職員室に机を置く教頭には，各種の情報が集まってきます。失敗し，落ち込んでいる職員や指導法に悩んでいる若い職員などがいれば，日常的に声をかけて励ましています。そうした積み重ねによって相互理解や信頼関係を結んでいる教頭こそが，まずは前面に立って指導することが最善の策です。多少ストレートに厳しく言ったとしても大丈夫でしょう。とはいえ，相手は一定以上のプライドを持った大人です。当然のことながら一筋縄ではいきません。100回言って改善が見られなくても，101回目に変わると信じて指導しなければなりません。試行錯誤も欠かせません。しかし，こうした営みこそが，教頭としての力量を向上させると

ともに，自身が校長になった時に，部下である教頭に実体験に基づく教訓として伝えることができるのです。

では，校長の出番はどこにあるかと言うと，それは褒めることです。第１章において**「若い時分に校長に褒められると，その職員は30年もつ」**（**「校長のひと声30年」**）という浅野良一氏の名言を紹介しましたが，校長のひと言は本人が思っている以上に絶大なる効果を有しています。ただし，逆もまた然りです。ゆえに校長は，そのひと言を是非ともプラスに作用させたい場面（＝褒める場面）で使いたいものです。

さて，かの松下幸之助氏が，社長と副社長の役割について，次のように述べています。**「総じて，どの会社でも，社長が積極的で，副社長は女房役といったところが多いが，原則としては最高首脳者はおだやかで，次席がバリバリやる方が望ましいようだ。（中略）王は徳をもって立ち，その下に賢相がいれば，物事が徳望によって行なわれるという」**。

この言葉は，まさに学校における校長（＝社長）と教頭（＝副社長）に置き換えることができます。「原則として，最高首脳者たる校長はおだやかで，教頭がバリバリやる方が望ましい。校長は徳をもって立ち，その下に賢い教頭がいれば，学校経営が徳望によって行われる…」。まさしく，学校の組織運営力向上の鍵を握る金言と言えるでしょう。

校長は“監督”であり代打は利かない

学校問題対応において，校長の代わりはいません。「校長は最後の砦」という意識を，職員にも根づかせなければなりません…

校長が先陣を切ることのリスクについては，学校問題対応上の危険性や，人材育成上の反作用などを例に挙げながら，ここまで幾度となく述べてきました。ただ，その多くは校長自身の心の構え…，要するに校長自身の戒めという視点でした。本項では，このことを教頭以下にいかに理解させ，より良い組織運営のあり方として会得させることができるかという視点で述べてみたいと思います。

通常，何かしらの火の手（問題）が上がった時に，できることならその事案に関わりたくない，手を引きたいと思うのが人情です。学校においても同様で，ひとたび問題が勃発すれば，できれば自分は火の粉をかぶりたくないと思うでしょう。私は，こういう時に職員が安易に校長を担ぎ出す場面をこれまで何度か目にしてきました。「校長先生，保護者からのクレームで，『校長を出せ』と言っています」と…。（校長自ら飛んで火に入る場面もあったようななかったような…。）そして，校長を担ぎ出した瞬間から，手を離す職員もいたようないなかったような…（苦笑）。

こうした意識は，どの組織においても潜在的にあるものです。ゆえに，校長が出ないのは怠けているわけでも恐れているわけでもなく，トップリーダーがいきなり出る組織は危ういということを職員に前もって説いておかなければなりません。本当は出たくて出たくて仕方がないのです。最も経験値の高い校長自身で処理した方が絶対に早いですし，うまく収めることができる（確率が高い）わけですから。しかし，それでは教頭以下の人材育成もままならず，持続可能な組織体制とはなりません。まして，万が一校長が乗り越えられるようなことになれば，それこそ学校の一大事です。だからこそ校長は，個別の事案（火中）に入りすぎてはいけませんし，職員が安易に校長に

対応を振ることを許してはいけないのです。

こうしたことから，私は（教育委員会時代から）次のような決めゼリフを，部下である職員に言って聞かせていました。

> 私（校長）はいくらでも出るけど，野球に例えるところの“監督”である私が万が一倒れても“代打”は利かない。だから，作戦は山ほど考えて授けるが，私が安易に出るわけにはならない。
> ただし，万が一教頭さんが乗り越えられたら，その時は満を持して打席に立つよ。そうならないように教頭さん，頼みますよ（笑）。

こうした意識が職員に根づいてくると，「私（校長）が出る」と言っても，職員から「いやいやいや，校長先生は最後の砦ですから」と制止されるようになります（笑）。決して穏やかとは言えない事案でも，そんな職員を頼もしく感じるものです。そして，職員の対応にいじいじしながら地団駄踏むことがあっても，信頼して対応を任せることができるのです。その信頼に応えるように，職員が歯を食いしばって校長まで回さないという意気込みあふれる組織ほど強いものはありません。学校の組織運営力の高まりとは，例えばこういうことを指すのです。

D・C・Aまでできれば教頭としては一流

学校課題の解決に向けた取組の最前線に立つ教頭は,「PDCA サイクル」などのフレームワークを実行できる力が求められます…

学校における教頭の存在とは, まさに「組織の中核」「扇の要」「コントロールタワー」…であり, 教頭の成長はそのまま組織運営力の高まりに直結します。本章, そして本書のまとめとして, 以降の項において「教頭」を育てる術(すべ)について述べてみたいと思います。

さて, 目標達成や業務改善を行うフレームワークの一つに「PDCA サイクル」があります。今更説明するまでもないですが,「Plan (計画)」「Do (実行)」「Check (評価)」「Action (改善)」の頭文字をとって名付けられています。昨今,「PDCA はもう古い」「時代遅れだ」という声も聞きますが, 教育委員会時代から「OODA ループ」「PDR サイクル」など, 他のフレームワークも活用してきた私からすれば, 課題解決に向けた継続的な取組の改善や質の向上を目指すツールとしての「PDCA サイクル」は今なお有効であり, それは学校においても同様であると思っています。

ただし, 機能させるためにはそれなりのポイントがあります。そして, 例えば以下のようなポイントを外せば, まさしく「PDCA はもう古い」となってしまう恐れがあります。

①「PDPD ≠サイクル」に陥らない。

要するに「Plan (計画)」「Do (実行)」「Plan (計画)」「Do (実行)」…, やりっ放しということです (苦笑)。行なったことに対する「Check (評価)」や, それに基づく「Action (改善)」がないまま, 取組だけが「ビルドビルドビルド…」と進んでいくので, 業務の改善や質の向上など望むべくもありません。制度疲労や組織の疲弊も招きます。

②「PDCA サイクル」を短期で回す。

例えば,「PDCA サイクル」を１年間かけて回す時によく陥りがちなのが,年度当初に「Plan（計画）」を立て,「Do（実行）」したものの,「Check（評価）」を年度末に行なって,「Action（改善）」は次年度に…といった状態です。そうならないためには,「PDCA サイクル」をできるだけ短期で回すことが肝要です。

さて，前置きが長くなりましたが，この「PDCA サイクル」を回すことは，学校をマネジメントする管理職マターとなりますが，目の前の業務に忙殺されて，うまく機能させることができない教頭が多いのではないでしょうか。校長のトップダウン，或いは校長と教頭で立てた「Plan（計画）」を，少なくとも「Do（実行）」「Check（評価）」までできる力がこれからの教頭には求められます。なお，自力で「Action（改善）」まで辿り着ければ教頭としては一流です。さらには，教頭が陣頭指揮を執りつつも，例えば教務主任や学年主任などの各種主任に任せ，育ててさせることができれば超一流…いつでも校長になれるでしょう。まずはこのような視座を持って，教頭を育成していく必要があるのです。

教頭一人×20人前 ＜20人×一人前の仕事

教頭一人がスーパーマンでは，持続的に学校が前に進みません。人材が育ちません。組織運営力が高まりません…

校長（トップリーダー）として教頭（次席）を育てたいと思う時，みなさんなら次のどちらが理想の教頭（次席）像でしょうか。

①何でも一定水準以上の実力を持つ超優秀プレーヤー教頭。
②全ての分野に長けてないものの，自分の足らざるところを含めて上手に部下職員を使って結果を出すプレイングマネージャー教頭。

本書をここまでお読みいただいたみなさんには，もはや贅言を要しないでしょう。井村屋グループ会長兼CEOの中島伸子氏は，次のように述べています。**「『一人の百歩よりも百人の一歩』ということは，私が社長になった2019年からずっと言い続けています。一人のスーパーマンが百歩走っても，どこかで息切れすると思うんですよね。それよりも百人がそれぞれの知恵を持ち寄って一歩ずつ進む組織のほうが強いし，継続性もある」**。

そりゃあ①のような教頭がいれば，校長としてこんなに楽なことはありませんが，中島氏の言葉を借りれば継続性がなく，しかも組織的でないのです。その教頭がいる間は良くても，人事異動でいなくなれば後の保障はありません。一方，②のような教頭であれば，次々に人材が育っていくはずです。しかも，その営みによって組織運営力も高まっていきます。まさに継続性があり，かつ組織的です。

ゆえに，仮に①のような教頭だとしても，校長は②の考え方をしっかりと教え，育てなければなりません。しかし，なかなかこれができないのが現実です。できる者ほど，自分でやった方が早く，完成度（質）の高い仕事ができると思う節があるからです。そんな時には，落合博満氏の次のような言葉

が大いに参考になります。**「仕事というのは，一枚の絵（成果や目標）を完成させようと取り組むものだろう。経験や個性という色をいくつも使いながら，一人でも多くの人に感動してもらえるような絵を描こうとする。すると，そのプロセスにおいては，ひとつでも多くの色が必要だと気づく。自分が持っていない色—あれやこれやと人材を求め，『ここに使う色はこれでいいのか』『もっと違う色で描いたほうがいいのか』と試行錯誤しながら絵を完成させていく。同じような色はいくつもいらない。自分にない色（能力）を使う勇気が，絵の完成度を高めてくれる」**。

落合氏のこの言葉は，みんなでやることでその仕事の完成度（質）さえ高まることを明確に示唆する金言です。人材育成に係るこうした考え方は，教頭のみならず，校長にも，もっと言えば子どもたちを教育する全ての教職員に通ずるものであると言えます。

さて，校長は教頭に熱く語らなければなりません。「教頭一人が20人前の仕事をして上がる成果と，20人が一人前ずつの仕事をして上がる成果は，その一点では同じかもしれないが，継続性，そして組織を強くするという点，実はその仕事の完成度を高めるという点においても圧倒的に後者に軍配が上がる」と。次世代のリーダーたるにふさわしいこうした「哲学」を持った教頭を育てることこそ，校長の務めなのです。

校長を補佐する＝大いなる提案者となること

教頭が単なるイエスマンでは，組織は停滞します。校長に対して臆せずに提案できる教頭を，校長は育てなければなりません…

「ナンバー１とナンバー２の仲がよくなければならない。仲が悪かったら会社経営はうまくいかない」とは，致知出版社社長の**藤尾秀昭**氏の言葉だそうですが，学校においても校長（ナンバー１）と教頭（ナンバー２）の関係性は組織運営上重要なファクターと言えます。校長と教頭の仲が悪く，口も効かない…誰もそんな学校で勤めたいとは思わないでしょう（苦笑）。

しかし，だからと言って教頭は，校長に対してご機嫌ばかりうかがって，善し悪しにかかわらずどんなことでも「はい，はい」と従っているようではいけません。こうした教頭のあるべき姿について，米子市教育委員会・**浦林実**教育長はいつも，**「校長を補佐するということは，大いなる提案者となることだ」**とおっしゃっていました。要するに，単に校長の指示を待って従順すぎるほどに仕事をこなす，或いは職員の報告・連絡や校長の指示・命令の単なる中継者に成り下がるのではなく，どんな場面でも「自分が校長ならどうするか」と想像し，思いついた意見なりアイデアなりを積極的に校長に提案していくことが大切であるということです。

では，このような教頭の構えをどのようにして育てていくか…。ここが次世代リーダー育成においても，学校の組織運営力を高める上でも，“肝”となります。こうした人材育成の考え方について，**松下幸之助**氏が含蓄のある言葉を述べています。**「『あんたの意見はどうか，ぼくはこう思うんだがどうか』というように，できるだけ相談的に部下に持ちかけることが大事だと思う。そうして部下の考え方なり提案をとり入れつつ仕事を進めていくようにするわけである。そうすると自分の提案が加わっているから，その人は仕事をわが事として熱心に取り組むようになる。人を活かして使う一つのコツは，そういうところにもあると思う」**と…。

例えば，生徒指導上の問題が起きた時，職員から職場の人間関係の訴えが寄せられた時，保護者や地域から苦情が寄せられた時，或いは学校課題に対して何かしらの一手を打たなければならない時，施策を前に進めたい時…など，学校経営上の判断を迫られたり，知恵を振り絞ったりしなければならない場面は毎日のように押し寄せてきます。そんな時こそ，「教頭さんの意見はどうか」と問いかける絶好のチャンスです。校長自身の答えがあっても，なくてもです。

私は，多くの場合は私（校長）自身の答えを持って，（そう多くはないものの）時に答えを持たずに，「教頭さん，どう思う」と意見を求めるようにしています。教頭が出した答えと私（校長）が出したそれが同じなら，自信を持ってその対応に着手できます。もし答えが異なったら，熟慮して校長の責任において最終判断しますが，実はその過程もとても大切です。教頭の出した答えが適切でなければ，そのことを教え伝えることで教頭が成長するチャンスになりますし，私（校長）の出した答えに盲点や欠損があれば，私（校長）自身が成長するチャンスになるからです。

いずれにせよ，こうした営みによって，教頭は徐々に自分の意見を臆せずにアウトプットし始め，やがて「大いなる提案者」となっていくのです。そして，真の意味で「校長を補佐する」教頭に成長していくのです。

校長と教頭で絵（Z軸）を描く

次世代リーダー育成の究極の観点は，戦略・プランを生み出す力です。課題を解決するだけでなく，自ら“絵”を描く力です…

ここまで，次世代リーダーを育成することと組織運営力を高めること，その両立を目指す視点で管見を並べ立ててきました。ただ，引き合いに出す事例のニュアンスは，どちらかと言うと－（マイナス）を０（ゼロ）にするものだったかと思います。こうしたニュアンスの仕事を，私はパッチワーク（≒傷口に絆創膏（ばんそうこう）を貼る仕事）と呼んでいます。学校経営上，必ず訪れる学校課題（－（マイナス））を解決する（０（ゼロ）にする）仕事とはいえ，誤解を恐れずに言えば，誠に面白くない…。

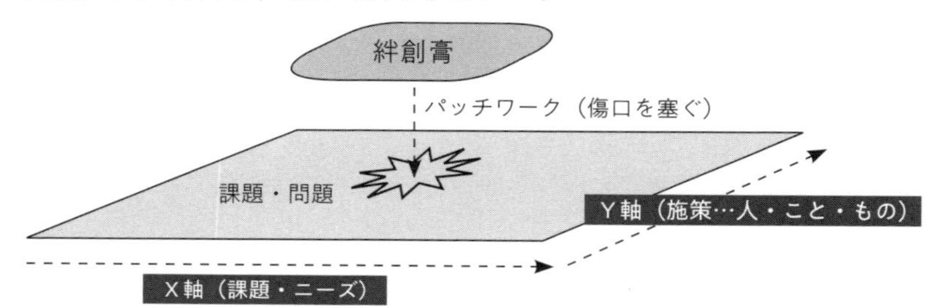

そうではなく，０（ゼロ）を＋（プラス）にする仕事こそ面白く，－（マイナス）を一気に＋（プラス）にまで押し上げる仕事は“痛快”とさえ言えます。そもそも，－（マイナス）を０（ゼロ）にする仕事は，現状を維持するための仕事であり，「定石」なり「（最悪の）回避」なり，方法の選択肢は限られ，しかも消極的であるのに対し，０（ゼロ）もしくは－（マイナス）を＋（プラス）にする仕事は，方法の選択肢が無限で，しかも積極的（ポジティブ）に臨めます。まさに組織を預かるトップリーダーの腕の見せ所であり醍醐味とも言えます。ただ，それだけに確かな“戦略”が必要です。本書を締めくくる本項においては，管理職が戦略（＝絵）を描く勘所について述べたいと思います。

まず，戦略を描く考え方について説明しておきます。私は，下図のように，学校における「課題・ニーズ」をＸ軸，それに対する「施策…人・こと・もの」をＹ軸，そして，施策を「機能的」「効果的」「効率的」「持続的」「波及的」「相乗的」に行う方法や内容，即ち「戦略・プラン」をＺ軸と表し，これらを総称して「施策推進の３Ｄ理論」と名付けました。

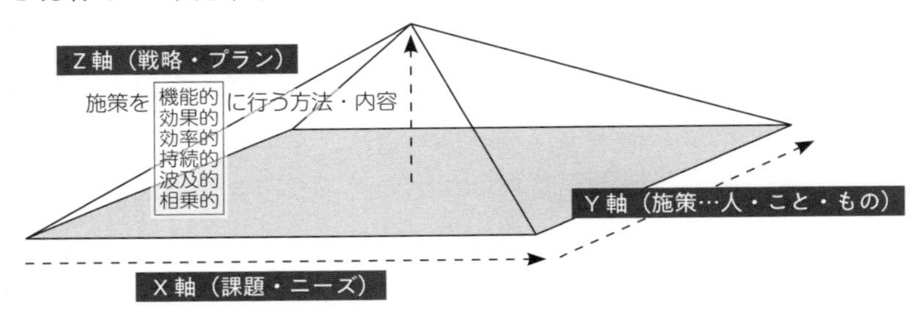

通常，目の前に現れる課題（Ｘ軸）に対して，人・こと・ものを投入して解決すること（Ｙ軸）のみを目標にすると，前述したようなパッチワークで終わってしまいます。目の前に現れる課題の解決のみに忙殺されるわけですから，全く面白くありませんし，管理職も職員も疲弊していきます。そうではなく，これに付加価値を目指す戦略・プラン（Ｚ軸）を立てることによって，世界が大きく変わっていきます。

例えば，不登校の子どもの数が多いという課題（Ｘ軸）があったとして，その課題の解決のために教育委員会に人を配置してほしい（Ｙ軸）と要望するとします。しかし，単に人の配置を要望するだけで終わってしまっては，まさにパッチワークです。仮に要望どおり人が配置されたとしても，課題は解決するでしょうか。私はそうは思いません。戦略がないのですから。例えば，配置された暁には，あわせて校内に不登校の子どもの一時避難的，或いは教室復帰に向けたスモールステップの場所としての教室（所謂「校内教育支援センター」）を自前で起ち上げ，配置された人員がマネジメントしながら運用するという戦略を立てます。さらに言えば，首尾よく成果が上がってきたら，そうした実践事例をもとに“勝負の方程式”（対応マニュアル）を作成し，まずは学校全体，ゆくゆくは市全体に還元するという戦略も構想します。そして，それらをセットにして要望するのです。「課題があるから人がほしい」「お金がほしい」とは一線を画す要望であることがご理解いただけますでしょうか。こうした絵を描く仕事こそ，やり甲斐があって面白く，成果が上がればこれほど“痛快”なことはないことがご想像いただけるのではないでしょうか。

かの稲盛和夫氏は**「すなわち『楽観的に構想し，悲観的に計画し，楽観的に実行する』ことが物事を成就させ，思いを現実に変えるのに必要なのです」**と言いました。計画段階では悲観的に考え，最悪の事態さえ想定することも必要ですが，構想段階や実行段階は楽しくて仕方がありません。こうしたあり様（よう）こそが物事を成就させ，思いを現実に変えるのです。

さて，このようにして教頭と一緒に絵を描きながら施策を前に進めていく作業は，（私なりの）次世代リーダー育成と組織運営力を高めることの両立を図る最良の営みであると断言できます。教頭の大いなる提案力の向上にもつながり，PDCA サイクルを回すことにもつながり，部下職員をうまく活用することにもつながるのですから。つまり，こうした営みを経て教頭が成長することこそが，個々の職員の成長に，組織運営力の向上に，ひいては学校経営力の向上につながっていくのです。

〈引用・参考資料〉

・松岡亮二『教育格差』筑摩書房，2019年
・PHP 総合研究所編『松下幸之助一日一話』PHP 研究所，2007年
・鈴木大拙著，横田南嶺監修，蓮沼直應編『鈴木大拙一日一言』致知出版社，2020年
・稲盛和夫『生き方　人間として一番大切なこと』サンマーク出版，2004年
・田口佳史「〈対談〉繁栄するものと廃れゆくものの道」『致知2024年４月号』致知出版社
・野口芳宏『野口流　どんな子どもの力も伸ばす全員参加の授業作法』学陽書房，2018年
・中嶋郁雄『校長１年目に知っておきたい　できる校長が定めている60のルール』明治図書，2023年
・河野太通「〈インタビュー〉師資相承の要諦は直心にあり」『致知2024年７月号』致知出版社
・堀裕嗣『スペシャリスト直伝！　教師力アップ成功の極意』明治図書，2012年
・栗山英樹「〈対談〉さらに参ぜよ三十年」『致知2024年８月号』致知出版社
・落合博満『采配』ダイヤモンド社，2011年
・小林久隆「〈対談〉人類の未来を拓くがん治療への挑戦」『致知2024年５月号』致知出版社
・佐藤晴雄「エッフェル塔と学校」『内外教育2016年（平成28年）11月４日（金）第6539号』時事通信社
・堀裕嗣『若手育成10の鉄則　100の言葉がけ』小学館，2016年
・長沼昭夫「〈インタビュー〉すべてのものに感謝」『致知2024年４月号』致知出版社
・野村克也『野村ノート』小学館，2005年
・池上彰『伝える力』PHP 研究所，2007年
・鈴木秀子「人生を照らす言葉」『致知2024年８月号』致知出版社
・さだまさし「〈対談〉かくて運命の扉をひらいてきた」『致知2024年４月号』致知出版社
・道場六三郎「〈インタビュー〉いまも料理が恋人この道に終わりなし」『致知2024年５月号』致知出版社
・堀裕嗣『教師の仕事術10の原理・100の原則』明治図書，2018年
・末松裕基「次世代リーダーを育てる」『日本教育新聞2024年（令和６年）９月23日(月)』
・アーノルド・ベネット著，渡部昇一訳・解説『自分の時間』三笠書房，2016年
・落合博満『コーチング　言葉と信念の魔術』ダイヤモンド社，2001年
・中島伸子「〈インタビュー〉人生のハンドルを握り扉を開けられるのは自分だけ」『致知2024年６月号』致知出版社
・久慈浩介「〈インタビュー〉すべては，世界に誇る『國酒』を飲んでもらうために」『致知2024年５月号』致知出版社

あとがき

最後までお読みいただいた読者のみなさんには身も蓋（ふた）もないことを申しますが，脱稿後の著者の第一声（所感）は，「ああ，ここに書いたことは，自分にはできていないことばかりだな」です。続く第二声は，「現任校の職員や，前任地である米子市教育委員会の指導主事に顔向けできないな」です（苦笑）。それだけ本書のテーマである“人材育成”とは，私のような若輩がそう易々（やすやす）と語れるほど簡単なものではないということ…，今更ながら，そんな思いを強く抱いているのが正直なところです。

しかし，そんなことは本書の執筆依頼を受けた瞬間から分かっていたことでもあります。それでも重たい筆をとったのは，例えば南部美人五代目蔵元である**久慈浩介**氏の，**「僕が恩を受けてきた皆さんに何かを返すことはできない。恩というのは，いただいた本人には返せないんですよ。だから僕は自分の蔵の若手だけじゃなく，お世話になった酒蔵の次世代を担う若い子たちに自分が培ってきたものを注ぎ込むことで，いただいたご恩を返そうと考え，行動しています」**という言葉，或いは**松下幸之助**氏の**「労作を交換しない，もらうばかりで与えるものがないというのでは役に立たない。これはマイナスである。プラスとマイナスがゼロ以上でなければ役に立つ人間とは言えない。たとえば反物を三反もらったら，それを四反にして提供する人になるということだ」**という言葉に背中を押していただいたからです。私がこれまで出会った諸先輩方，とりわけ米子市教育委員会・浦林実教育長からの教えを，同世代や次世代の先生方と共有することで，いただいた多くのご恩に報いたい…，そんな風に思ったからです。

そして何より，「人間学のないリーダーに資格なし」「組織はリーダーの力量以上には伸びない」という原則論に照らして，この機会を絶好の“研究と修養の場”として，私自身の人間性やリーダーとしての力量を高めたいと強く思ったからです。

ただ，そんな思いをどれだけ抱こうとも，あまりに分不相応な私が持つ筆は重たくなるばかりでした。ゆえに，私が理想とする人材育成に関する心の構え・考え方などについて，様々な先達（せんだつ）の思想・金言の力を借りることにしたわけです。私の言葉が足らない点，お聞き苦しい点については，どうか先達の言葉によって補っていただければと思います。

さて，校長になって１年近くたとうとしていますが，やはり“言うは易し行うは難し”です。子どもを育てることも難しいですが，管理職として人材や組織を育てることも誠に難しい…。しかも，人を育てるこうした仕事に終わりはなく，何か数字を追うような類（たぐい）のものでもなく，その成果も一朝一夕には得られない…。しかし，子どもを育てることと同様，それだけやり甲斐があり，楽しく，何より職員自身が成長を自覚し，生き生きと躍動する姿を見るのは，自分が成長することよりも嬉しいものです。そして，人や組織の成長が感じられた時に，実は人や組織を成長させること以上に難しい“自分自身の成長”を感じることができる…それがまたこの仕事の魅力でもあるのでしょう…。こうした日々を送っていると，「やっぱり人を育てるこの職は，決して“黒色（ブラック）”に非（あら）ず。まあ“バラ色”とまでは言わないけれど，“虹色”であることだけは確か…」，そんな風に思います（笑）。この世知辛い先行き不透明な時代の中で，せめて人材育成の一丁目一番地たる“学校”という場が，そこにいる全ての職員，ひいては子どもたちが伸びて輝き，笑顔あふれる場にしたい…。それを成し遂げる学校リーダーに一歩でも近づくために，一層研鑽を積んでいこう…。そう決意しつつ，筆を置くことにします。

最後になりましたが，明治図書の及川誠氏には，11年ぶりにお声がけいただいたことに加え，本書の執筆を通してまた一つ成長する機会を頂戴しました。ここに心より御礼を申し上げ，結びとさせていただきます。

2025年春

西村　健吾

【著者紹介】

西村　健吾（にしむら　けんご）

1973年鳥取県生まれ。東京学芸大学教育学部卒業後，鳥取県の公立小学校で勤務。2014年から2024年まで，米子市教育委員会事務局学校教育課に10年間（指導主事４年－指導係長１年－課長４年－教育委員会事務局次長１年）勤務。現在，米子市立福生東小学校長を務める。

「豆腐のような教師になろう！」を生涯のテーマとし，「①マメで，②四角く，③やわらかく，④面白い」教師（校長）を目指し，日々の実践にあたる。教育サークル「EGANA 教育サークル」顧問。

【著書】

『スペシャリスト直伝！　小学校　クラスづくりの核になる学級通信の極意』（明治図書，2014）『スペシャリスト直伝！　子どもの心に必ず届く言葉がけの極意』（明治図書，2015）『スペシャリスト直伝！　小学校クラスづくりの核になる学級通信の極意　実物資料編』（明治図書，2016）

共著：『スペシャリスト直伝！　〈失敗談から学ぶ〉学級づくり・授業づくり成功の極意』（明治図書，2014）『学級づくりロケットスタート　中学年』（明治図書，2015）『学級づくりロケットスタート　高学年』（明治図書，2015）

E-mail：k2gn-4eo66@sea.chukai.ne.jp

学校リーダーの人材育成術

2025年４月初版第１刷刊　©著　者　西　村　健　吾

発行者　藤　原　光　政

発行所　明治図書出版株式会社

http://www.meijitosho.co.jp

（企画）及川　誠（校正）川上　萌

〒114-0023　東京都北区滝野川7-46-3

振替00160-5-151318　電話03(5907)6703

ご注文窓口　電話03(5907)6668

＊検印省略　組版所　中　央　美　版

Printed in Japan　ISBN978-4-18-224528-2